Carl Ignaz Geigner

Reise eines Engelländers durch Mannheim, Baiern und Oesterreich nach Wien

herausgegeben von seinem teutschen Freunde

Carl Ignaz Geigner

Reise eines Engelländers durch Mannheim, Baiern und Oesterreich nach Wien
herausgegeben von seinem teutschen Freunde

ISBN/EAN: 9783743441330

Hergestellt in Europa, USA, Kanada, Australien, Japan

Cover: Foto ©Andreas Hilbeck / pixelio.de

Weitere Bücher finden Sie auf **www.hansebooks.com**

Reise
eines Engelländers

durch

Mannheim, Baiern und Oesterreich
nach Wien.

Herausgegeben

von

seinem teutschen Freunde
L. A. F. v. B.

Zweite vermehrte Auflage.

Amsterdam 1790.

Vorrede.

Der besondere Beyfall, womit das Lesepublikum überhaupt sowohl, als die Herren Rezensenten insbesondere meine erste Sammlung der Briefe, betitelt: Reise eines Engländers durch einen Theil von Schwaben ꝛc. aufgenommen haben, ist mir Auffoderung, ihnen die noch übrigen Briefe meines Freundes ächt und unverändert — einige Verbesserungen im teutschen Styl und Ausdrucke, die ich hinzuthat, weggerechnet — in diesem zweiten Bändchen vorzulegen. Man wird daran nicht verkennen, daß sie sich durch Züge von Freymüthigkeit, Beobach-

tungsgeist und Welt = und Menschen=
kenntniß noch über die Erstern heraus
heben; ich schmeichle mir daher auch der
guten Aufnahme, die man den Erstern
widerfahren ließ. Und so wird —
vielleicht! — noch ein drittes Bändchen
zu seiner Zeit folgen.

Der Herausgeber.

Mannheim....

"Reisen Sie etwa auch in die Gegend?" sagte ein Fremder zu Lindau *) in meinem Gasthofe zu mir. Der Mann gefiel mir; "Topp" sagt ich; und statt nach Italien zu reisen: macht' ich rückwärts, wie das Thierchen im Stalle, einen Sprung mit meinem Freunde nach Mannheim. Du kennst so meine Art; ich reise immer sechs Stunden seitwärts und rückwärts: bis ich eine Stunde vorwärts komme — und wenn ich nicht schon unterm Thore hereinfahre: so

---

*) Man erinnere sich, daß der Verfasset im lezten Briefe des vorigen Bändchens Willens war, von Lindau nach Italien zu reisen.

so ifts — wär' ich auch nur eine halbe Stunde vor der Stadt — immer noch ungewiß, ob ich sie in acht Tagen erreiche; oder ob mich nicht irgend ein Fantom links und rechts, Meilen und Tage weit, vom geraden Wege abziehe. Ich kann nichts weniger ausstehn, als das gerade Hinziehn auf der Heerstraſe.

Also da wär' ich dann in Mannheim, zu einer Zeit, wo Du mich schon an den Gränzen Italiens glaubteſt. Die Gegend ist flach, unfruchtbar, und wegen den vielen umliegenden Sümpfen ungesund. Man sieht nahe an der Stadt ganze Strecken unangebautes, ödes Sandfeld. Die Stadt ist ganz einförmig gebaut, und das Einerlei der weiten, geraden und abgezirkelten Straſen wird durch die Sonnenhitze, die so ganz hineinfällt, im Sommer um so ermüdender: denn es ist nirgends für Schatten gesorgt; wie z. B. in den breiten Straſen von London, Bern ꝛc., wo man an den Seiten der Straſen bedeckte Gänge hat.

Präch=

Prächtige Gebäude hat es ausser der Residenz und dem Redoutenhause, fast gar keine. Alles trägt in dieser Stadt das Gepräge vom Legern, vom Kleinlichen — nirgends Solidität, nirgends Grösse — überall Putz, Firniß, Künsteley — nirgends Schönheit, nirgends Natur. Aber die Mannheimer, das eitelste Völkchen unter Gottes Sonne, sind gleichwohl eitel genug, all das reizend und vortreflich zu finden. Sie glauben, im Paradiese zu seyn; und setzen sich und ihre Stadt, in Absicht auf Geschmack, unter die ersten Städte Griechenlandes; ohngeachtet es ihnen ganz an allem Geschmacke fürs w a h r e S c h ö n e fehlt: wovon ich Dir weiter unten Beweise anführen will, wenn ich von ihren Werken der Kunst reden werde: wiewohl sie im Reiche der Künste noch weiter als im Reiche der Wissenschaften sich hervorthun. Sie sind so eitel, und wissen sich so viel auf ihre Vaterstadt, daß das Volk eine Art von Ehre und Vorzug darein setzt, m a n h e m e r K i n n e r — soll heisen, mannheimer Kinder — zu seyn.

Soll ich Dir übrigens den Kaiakter der Nation mit zwei Worten schildern? Der Mannheimer ist ein Gemische vom Franzosen und Juden, mit welch lezterm er auch sogar viel Aehnliches im Sprachklange hat; tändelnd, leichtsinnig, prahlerisch, üppig, wohllüstig, weichlich, zaghaft, listig und betrügerisch. Von den zwei lezten Attributen kann jeder Fremde, der nur einmal daselbst in einem Gasthofe loschirte, Zeugniß geben.

Du weißt, ich bin weit gereist, und ich sahe all das Gesindel von Wirths- und Fuhrleuten, als eben so viel Gauners an, deren Brod und Gewinn ist, den Reisenden zu plündern; und ich gebe dann auch dem Packe gern mein Schärflein hin: aber solche unverschämte Schuppers traf ich noch nie unter ihnen in Deutschland, als in Mannheim. Die Foderung der Lohnkutschers übersteigt die Postare, und die Wirthsleute sind mit ihnen im Verständnisse; der Hausknecht schwört, indem er den Schweis von der Stirne wischt, er sey die ganze Stadt durchgeloffen, alle Pferde seyen vermiethet, auſſer des Einzige seine, den er Dir herbeyführt.

Schließt man mit jemanden einen Handel: so hat man ſich äuſſerſt vorzuſehen, um nicht betrogen zu werden: und der Gaſſenjunge, der, wenn Du unterwegs Dich nicht zurechte finden kannſt, ſich an Dich drängt, und vor Dir hinläuft, Dir den Weg zu zeigen, führt Dich ſicherlich durch zwei, drei Straſen Umweg; um für den weitern Weg deſto mehr geſchenkt zu erhalten.

Beide Geſchlechter tragen faſt immer in frühen Jahren die ſichtbaren Spuren der Ausſchweifung in einem entnerbten Körper, und die Männer haben insgemein in ihrem ſpäten Alter noch eine Geſichtshaut der Weiber; wie ich es an den alten Franzoſen meiſtentheils bemerkt habe. Dafür tragen ſie auch alle die gewöhnlichen Gebrechen alter Franzoſen an ihrem ganz zerrütteten Körper. Buhlerey und Unmäſigkeit in

Genuße wird nirgends mehr getrieben, als hier. Frisirte Frauenzimmer in taffneten Saloppen, bieten des Nachts auf dem Paradeplaße ihre Körper zum öffentlichen Gebrauche feil — und gnädige Frauen kreuzen sich mit ihnen, am Arme seufzender Stutzer, oder sitzen in stillschweigender Empfindung, in Nacht und Mantel gehüllt, vertraulich auf einer Seitenbank. Die Schildwache, die hier Keuschheitswächter ist, geht galant vorbei; retirirt sich in einen Winkel, und stellt sein Gewehr an den Baum; während er statt dessen eine Freudentochter in der Saloppe in seine Arme schließt.

Von der Prahlerei dieses Völkchens kann jeder, sogleich beim Eintritte, Begriffe erhalten. Alle Schilde, auch an den schlechtesten Wirthshäusern, sind nichts geringeres, als Kaiser, Könige, Fürsten. Da hängt vor einer Baraque, die kaum den Schild zu tragen vermag, der römische Kaiser, der türkische Kaiser, der König von Spanien, von Portugall, von

Preuß-

Preuſſen, von England, der Prinz von Oranien, der Prinz Karl — kurz, es iſt kein Monarch in Europa, der nicht vor einem Wirthshauſe hängt. Die keinen mehr übrig haben, nennen ihre Häuſer Höfe. Da iſt der mainzer Hof, der pfälzer Hof, der zweibrücker Hof ꝛc. —

Unter den Mannheimer Kunſtwerken verdient ein groſſer Brunnen angeführt zu werden, der auf dem Marktplaße ſteht, und wirklich ein Meiſterſtück iſt. Allein man dachte nicht, daß zu einem Brunnen auch Waſſer gehöre. Eine Art von Impotenz bezeichnet daher dieſes herrliche Kunſtwerk, und nie floß ein Tröpfchen Naß aus ihm. —

Es iſt, als ob nun einmal die Eigenſchaft der Impotenz oder Unmännlichkeit die mannheimer Kunſtwerke ſchlechterdings karakteriſiren ſollte — ſagt ich, als ich den Apollo im ſchwezinger Garten ſah: denn die männliche Parthie dieſes groſſen Gottes war von einer unſimetriſchen Wunziglein.

Ob

Ob dies nun, so wie der ausserordentlich kleine Kopf der Statüe, das Zeichen des Weisen seyn sollte; oder ob die Herren Mannheimer diese Dinge, nach ihrem Maßstabe, nicht vor klein finden — weil doch alle Dinge in der Welt nur klein und groß in Vergleichung mit andern Dingen dieser Art, genannt werden können: dies war mir ein Räthsel, das ich noch bis jezt nicht auflösen konnte. Aber Damen, die über den Punkt nicht geringe Localkenntnisse haben, versichern mir das letzte.

Uebrigens ist das Auffallendste in diesem Garten, seine Grösse. Man sagt mir, und ich glaube es, das er sechs Stunden im Umkreise halte. Man hätte ihm eben so leicht einen Umfang von einer Tagreise geben können. Ich finde darin wieder nichts, als einen Zug aus dem Nationalkarakter — Der Garten ist eine Gasconnade! Der Mannheimer thut sich was darauf zu gute, wenn er sagen kann: „Der schwezinger Gartä is sechs Stunnä brät und lang." Was soll mir ein Garten von sechs Stunden

den im Umfange? Gesetzt auch, daß er interessantere, schönere und mannichfaltigere Partien hätte, als der Schwezinger — was soll er mir? wenn eine Reise dazu erfodert wird, um all diese Parthien jedesmal in Augenschein zu nehmen. Das Schöne ist doch nur in soferne schön, als es angenehme Wirkung auf unsere Sinne macht. Welche Wirkung kann aber das Schöne machen, das so zerstückt und zerstreut ist, daß wir seine einzelnen Theile, nur in sehr langen Zwischenräumen nach einander sehen, wodurch der Eindruck des Einen schon wieder verwischt, oder vermindert worden ist: so, daß wir niemals das Tout ensemble fühlen.

Ein ungeheurer Umfang ist daher gewiß nichts weniger als schön: Swifts Riesen müßten sonst die schönsten Menschen seyn; und Gärten haben von dem Gesätze des Schönen ihr Maas, wie jedes andre Werk der Kunst, erhalten. Wie? wenn man noch überdies Partien darinne zu sehen bekömmt, wie z. B. die Ruinen

im

im schwezinger Garten. Welche Zeichnung! welcher Geschmack! Einige dünne, einförmige Wände, die man für die Brustwehren einer alten Schießstätte halten sollte, wovon einige Steine abgefallen sind. — Dies sind die schwezinger Ruinen!.....

In dem kurfürstl. Naturalienkabinette fand ich zu meinem größten Erstaunen, mitten unter viel kostbaren Seltenheiten — den ausgestopften Hund des baierischen Hiesels, *) einen schwarzgraugestriemten gemeinen Bullenbeiser.

Das schönste, was man hier sieht, ist unstrittig das hiesige Nationaltheater. Es verdient, an die Spitze aller teutschen Theaters gesetzt zu werden. Ifland, Bök, Beil machen ihrer Kunst ganz besondere Ehre.

―――――――

*) Denjenigen, welchen dieser Name etwa unbekannt ist, dienet zur Nachricht, daß der Kerl ein berüchtigter Wildschütze und Räuber aus Baiern war. Otte!

Ehre. Nur wünscht' ich recht wohlmeinend, daß Ifland nicht darum gleich, wie viele seines Standes, sich schon zum Dichter gewachsen glaubte; weil er ein sehr guter Schauspieler ist. Seine Eigenliebe und der Beifall, den man seinen Theatertalenten giebt, haben in ihm diesen Schwindel erzeugt; und das ganz entschiedene Verdienst, das er sich als Schauspieler erwarb, ist ohne Zweifel Ursache, daß man bey seinen Pfuschereien in der Theaterdichtkunst durch die Finger sieht. Aber zu seiner Besserung muß man ihm doch sagen, daß seine Theaterstücke eitel Rapsodie ohne Plan sind. Man kann meistens die erste beste Szene, die man will, herausnehmen, und das Ding wird doch bestehen können: so unzusammenhängend ist das Ganze. Schade für den guten, oft körnigten Dialog, und die Empfindungen einer edlen Seele, die darinne, wie in rohen Klumpen liegen. Man sieht, daß der Verfasser viel Anlage, aber gar keine Kenntniß von dem Fache hat, worin er schreibt. Möchte doch Herr Ifland — dies ist der aufrich=
tige

rige Wunsch eines Mannes, der die ausgezeichneten Verdienste desselben schäzt, und ohne Bitterkeit, blos aus Liebe zur Wahrheit und Besserung spricht — möchte doch Herr Jfland sich — nicht mit steifen Regeln, nicht mit sulzerischen Teorien — aber mit den wahren Schönheiten der Dichtkunst besser bekannt machen! möchte er lernen, was Plan, Zusammenhang, Jdeetität, was Rapsodie, und welcher Unterschied zwischen Schauspiel und Farce ist. Möchte er künftig diese Lehrsätze in Anwendung bringen: so liesse sich wirklich von ihm was Gutes für dramatische Dichtkunst erwarten. —

Der hiesige Fürst ist ein guter Mann, aber auch der grösste Schwachkopf, den die deutsche Geschichte in diesem Jahrhundert aufzuweisen hat. Seine herrschende Leidenschaft ist das andere Geschlecht. Er wird daher ganz von Mätressen und Pfaffen gegängelt; und beide Gattungen haben sich so in seinen Besitz getheilt, daß keine, was sonst selten ist, der Macht der andern den

ge-

geringsten Abbruch thut. Er theilt vielmehr seine Stunden ordentlich zwischen Bigotterie und Liebe, und läßt sich täglich um 9 Uhr Morgens richtig von der Mâtresse weg nach der h. Messe tragen, und von der h. Messe zur Mâtresse. Ausserdem ist seine wesentlichste Beschäftigung, gut essen, und trinken. Er genießt vorsetzlich meist gewürzhafte, hitzige und meist solche Nahrungsmittel, die das Blut sehr reizen, um der Kälte der Jahre abzuhelfen, und den Mangel an Jugendhitze zu ersetzen.

Man kann leicht denken, wie es unter einem Regimente von Weibern und Pfaffen in diesem lande hergeht. Es wimmelt von Heuchlern, Proteges, Pfaffendienern und Weiberknechten. Wer nicht unter diese Klasse gehört, sucht hier sein Glück vergebens: er müßte dann Geld genug haben, um es zu kaufen. Dies ist das Mittel, wodurch der verdienstloseste Mensch, ohne alle Konnexion und Ansprüche, plötzlich zu einer der ersten Stellen im Staate gelangen kann. Man nennt diese Dienstmäkler hier öffent-

öffentlich, und es ſind erſte Miniſter darunter, zu denen man nur geradezu hingehen darf, wie zu einem Handelsmanne, um zu feilen. Da ſind dann zu haben: ein Oberamtmann, ein Geheimerath, ein Hofrath, ein Sekretär, ein Kanzliſt und ein Stubenheizer; kurz, alle die höchſten und geringſten Stellen, alles für gutes, baares Geld in billigen Preiſen.

Hat einer aber keine Glücksgüter; iſt nicht Protege, nicht Pfaffen = noch Weiberknecht: ſo hat er immer noch eine Reſource hier; er heurathet eine ausgemuſterte Mätreſſe des Fürſten, oder irgend eines Miniſters, von denen es hier wimmelt — und ſein Glück iſt gemacht. Banqueroutiers, Jaquins und Ebentheurer ſind daher die Männer, die hier die erſten Stellen im Staate begleiten.

Eine neue Gasconnade iſt hier die Akademie der Wiſſenſchaften. Nach ihrer tiefgelehrten Miene, ihren Preisaufgaben, und dem Geſchrey, das ſie davon in der
Welt

Welt machen, sollte man urtheilen, daß hier die wichtigsten Entdeckungen für Menschenwohl gemacht werden: allein, wenn auch nicht Akademien überhaupt die unerheblichste Sache fürs Menschengeschlecht wären: so würde es die Mannheimer insbesondere seyn. Wer Wielands Abderiten *) gelesen hat, der kennt aus diesem treffenden Bilde den Zustand der Wissenschaften in Mannheim; und Rousseau, wenn er noch lebte, könnte von der mannheimer Akademie d. W. ein Beyspiel mehr hernehmen, daß die Wissenschaften stets zum Verderbnisse der Sitten beygetragen haben.

Nirgends aber kannst Du sprechendere Bilder von mannheimer Gasconnade finden, als drey Stunden von hier in Frankenthal, einem hier eingehörigen Städtchen. Hier ist eigentlich Scharlatanerie daheim; und

B 2 die

---

*) Mannheim ist darinne so kenntlich gemacht, daß die Abderiten sogar Nä, wäs nit u. d. sprechen.

die nackte Beschreibung, davon ist die lächerlichste Satyre, die sich erfinden läßt. Die Schulen heisen hier lauter Philantropinen. Die Druckerei, oder eigentlicher, die Schoffelioffizin des Nachdruckes, heist: die gnädigst privilegirte typographische Pflanzschule, und nennt sich auf einem grossen aushängenden Schilde: historische Sammler. Jeder Handwerker nennt sein Häuschen, das meistens elende Baracken sind, eine Fabrike, und hängt ihm einen grossen Schild an. So giebt es Siegelwachsfabriken, Schmierseifenfabriken, Obladenfabriken; worunter besonders die letztere sich durch einen Schild auszeichnet, hinter dem man das armselige Häuschen beynahe nicht sieht. Das sogenannte Mädchenphilantropin, das ohngefähr aus 6 — 8 Zöglingen bestand, hat seine eigene Polizeyordnung. Allein ob die Polizey so schlecht, oder die Talente der Zöglinge so überwiegend waren: genug, sie mußten der Polizey böse Streiche zu spielen; wozu ein Wirth, dem Philantropine gegenüber, besonders hülfreiche Hand bot;

der,

der, um auch sein Theil zum Philantropine beyzutragen, seiner Seits die Sorge über sich nahm, die Mädchen in der Galanterie zu üben, und sie gewisse Herzensangelegenheiten schlichten zu lehren. Er und seine Frau besorgten daher für die guten Kinder artige Bekanntschaften; veranstalteten Zusammenkünfte, bestellten Briefchen ꝛc.; kurz, das Mädchenphilantropin hatte also auch, bey einer eigenen Polizey, einen eigenen — Maquereau! der sich so gut auf sein Gewerb verstand, daß er verschiedene junge Mannsleute, unter andern ein sehr reicher Offizier, Namens von Sch. sich für dieses vortrefliche Institut und dessen Glieder mit vieler Wärme interessirten, und den größten Theil ihres beträchtlichen Vermögens denselben widmeten. Allein man fand so wenig Ursache, ihnen für diese Aufopferung dankbar zu seyn: daß vielmehr einem gewissen H. — das Städtchen zu räumen befohlen ward. Einmal aber geschah's, daß einer dieser Rendezvous wirklich weit wichtigere Folgen hatte. Ein gewisser Baron von Sp. — aus Sp. war eben zu einer geheimen Zusammenkunft im strengsten Inkognito da gewesen, und eilte, um nach Sp. zurück zu kommen: als er unglücklicher Weise auf eine katholische Prozession stieß, die eben daher zog. Er zwang den Kutscher aus Eilfertigkeit, mitten durch die Reihen der Prozession zu fahren. Sogleich entstand allgemeiner Aufruhr. Man betrachtete diese Kühnheit als Entweyhung der Religion; der Pöbel tobte; der katholische Pfarrer schrie: „Schlagt den Ketzer tod! schlagt ihn tod!" Ein französischer Tanzmeister, der sich durch die Flüchtigkeit seiner Beine auch einmal ein Verdienst im Himmel erwerben wollte, setzte ihm nach, erreichte ihn, und vom heiligen Eifer und heftiger Anstrengung fiel er plötzlich tod an der Kutsche nieder. Inzwischen ward gleichwohl der Kutscher erhascht, abscheulich gemißhandelt, vom Sitze abgeworfen, und der Wagen ward mit Pferd und Herrn zurück nach Frankenthal gebracht; wo der Kutscher ins Zuchthaus gesetzt wurde; Baron Sp. — aber sich dadurch aus der Sache zog, daß er 5 Gulden zu Messen

sen für die Sele des verstorbenen Tanzmeisters, ins Kapuzinerkloster schickte.

Das Pendant zu dem Mädchenphilantropin ist ein sogenanntes Knabenphilantropin, das seine Existenz einem banquerouttirten Seidenfabrikanten zu danken hat, der einige Knaben zum Unterrichte annahm, und nun seinem Häuschen den Namen Philantropin gab.

Das Register aller Gasconnaden und Scharlataneryen zu vollenden, ist daselbst ein Kanal, der nicht beschiffet wird, und eine Porzellanfabrike, die nichts absetzt. Beide unterscheiden sich aber von den übrigen Gasconnaden dadurch, daß sie ungeheure Summen von mehrern hundert tausend Gulden kosten. Und dies ist doch für eine Scharlatanerie zu viel!

Die lächerlichste Figur macht hier unter allen unstreitig das Militär. Es ist die Puppe für den Schevalier Tomson, die er zu seinem Zeitvertreibe alle Augenblicke aus = und anzieht. In Zeit von ohngefähr anderhalb Jahren hat er wohl vier oder fünfmal Farbe und Tracht daran verändert. Bald warens Röcke mit ganzen, bald mit halben Klappen, bald ohne solche; bald Kamisölchen und Kasketten, nach Art der österreichischen Läuferarmee; itzt Kamisöler mit daran genähten Bruststücken, und eine drollige Gattung von Wickelhauben mit daran hangenden Roßschweifen, Halbstiefeln, und der Sabelgurte über die Schulter. Der kindische ganz verstümmelte Schnitt dieser Kleidung macht schon ein erzburleskes Ansehen.

Jedes Regiment hat seinen eigenen Garten, Militärgarten genannt, welche ausser der Stadt liegen. Zieht nun der Soldat von seinem Dienste ab: so wirft er Gewehr und Patrontasche von sich, nimt dafür Hacken und Schaufel, und manövrirt itzt damit im leinen Küttel im Garten.

Ich lobe zwar diese Erfindung, insoferne dadurch diese Leute vom Müssiggange abge=

abgehalten und nützlich beschäftiget werden: sie ist auch wirklich mehr werth, als das ganze Exerzitium. Aber ob dadurch nicht dem letztern geschadet wird; ob nicht durch die groben und plumpen Gartenarbeiten die Leichtigkeit und Gelenkigkeit der Glieder, die zum Exerzitium, Uebung in Waffen gehört, Nachtheil leidet: dies ist die Frage, die ich ohne Anstand zu bejahen getraue. Doch Tomson wollte ja nur Püppchen zum Aus- und Anzihen, mit denen er manchmal Soldätchens spielen kan — und dazu sind sie gut genug. —

Uebermorgen reist einer meiner Freunde in Geschäften von hier nach München. Er bat mich, ihn zu begleiten, um den auffallenden Kontrast dieser zwei Nationen, eines und desselben Landesherrn, zu bemerken; und da mich der Weg ohnehin nicht weit von meiner Route abführt: so reis' ich mit ihm, und kan Dir also für itzt nichts mehr sagen, als daß ich bin u. s. w.

München. . . .

Es gefällt mir hier ziemlich wohl. Die Stadt ist hübsch; hat schöne Strasen und verschiedene prächtige Gebäude; besonders Kirchen; wovon keine ohne irgend ein mirakulöses Bild ist; und in der Leatinerkirche ist sogar eine **heilige Stiege**, wie man sie nennt; nemlich eine Nachahmung von jener in Italien, wenn mir recht ist, zu **Loretto**; die man nicht hinauf gehen darf, sondern knieud rutschen muß.

Ueberhaupt ist Religionsdumheit und Aberglaube ein herrschender Zug in dem Bilde von München und ganz Bayern. Eine sonderbare Szene dieser Art hat mich in den ersten Tagen meines Hierseyns überrascht, die ich Dir doch der Seltsamkeit wegen erzählen muß; weil sie Dich amüsiren wird, so wie sie mich, der ich wenig unter Katholiken wohnte, mit Erstaunen überraschte. Ich hörte ein Glöcklein, dessen Schall immer näher kam, und ununterbrochen durch die Strassen stürmte. Anfänglich dacht ich, daß etwas ausgeschellt würde;

würde; welches anderwärts eine gewöhnliche Art von Bekanntmachung ist. Aber das Stürmen sezte gar nicht aus, und ich hörte zwischendurch ein wildes Geschnader von Menschen, dann wieder einmal mitunter ein kurzes, fürchterlich lautes Gebrülle. Erschrocken lief ich izt ans Fenster, um das Unglück zu sehen, das, meiner Meinung nach, vorgieng. Ich erstaunte noch mehr, als ich einen Geistlichen im Korhemde, von drey Mann Wache daherführen sah, der etwas in beden Händen vor sich her trug, das ich nicht erkennen konte. Vor ihm her giengen ein Paar vermumte Jungens in einer Art von Hemden, die sie über sich hängen hatten, und Weiberröcken; diese brüllten von Zeit zu Zeit laut dazu; ihnen folgten einige Kerls in einer Art von Toga gekleidet, die bey hellem Tage Laternen mit Licht trugen; hinter ihnen, unmittelbar vor dem Geistlichen, kam ein Mann, wieder mit einem Hemde behängt, der das stürmende Getöse mit der Glocke machte.

Mein

Mein erster konfuser Gedanke war, daß hier die Wache einige Tollgewordene ins Narrenhaus führe. Aber bald ward ich wieder irre gemacht; denn hinterdrein lief wild durch einander schnatterndes Volk mit Rosenkränzen, und rings im Umkreise, so weit man sehen konte, zog alles die Hüte, fiel auf die Knie, und schlug sich an die Brust. Ein junger Mensch wollte, mit abgezogenem Hute, bescheiden vorübergehn; „Stehn bleibts!" scholl ihm mit lautem Geschrey entgegen, und Wut blitzte sogleich aus allen Gesichtern. Daraus schloß ich nun, daß es ein Religionsáct seyn müsse, und mein Wirt belehrte mich sehr anbächtig, daß man einem Kranken das Abendmahl reiche! . . . .

Hätt' es der Göttliche gedacht, als er das Abendmahl einsetzte, daß mit dem heiligsten, simpelsten Andenken, das er uns hinterließ, solch eine ärgerliche Harlequinade je sollte gespielt werden? Welch ein Trost für den Sterbenden, statt der ruhigen Erquickung seiner Sele durch den Genuß

nuß des Andenkens an den liebevollen Stifter seiner Religion, zusamgeschrōckt werden in der letzten, bangen Stunde, da jede Nerve schwach ist, durch das stürmende Getöse der Glocke und das wilde Geschnader und Gebrülle der Menschen! . . . .

Die Pfaffen und das Pfaffenwesen haben sich nirgends in Teutschland so sehr eingenistet, und üben nirgends unumschränktere Gewalt aus, als hier. Unglaublich ist es, wie sie so ganz nach ihrer Fantasie den Fürsten und das Volk am Gängelbande führen. Es ist eine ausgemachte Warheit, daß die Leibärzte dem letztverstorbenen Kurfürsten Maximilian, in seiner Todeskrankheit, Lukaszeddel und Dreykōnig-Wasser statt Arznei gaben; und der gute Fürst ließ sich noch wenige Tage vor seinem Ende ein mirakulōses Marienbild aus einer gewissen Kirche in öffentlicher Prozession vors Bette tragen. Die Szene war tragicomisch. — Das Schreyen und Weinen des Volkes war dabey allgemein — sie flehten zu dem Bilde mit Enthusiasmus, und

und erwarteten mit Zuverſicht von ihm die Wiederherſtellung ihres Fürſten — und dieſer ließ das Bild im Bette vor ſich aufſtellen; küßte es, drückte es an ſeine Bruſt; weinte und betete mit einer Jnbrunſt und einer Rührung, die alle Umſtehenden mit heiſſen Tränen bewegte: wiewohl Kluge dafür hielten, es wäre beſſer geweſen, wenn der Kurfürſt, ſtatt der Maria, in Zeiten einen beſſeren Arzt aus fremden Landen würde haben holen laſſen, der ihm, ſtatt Lukaszeddel und Dreykönigwaſſer, gute heilſame Arzneyen verordnet hätte.

Der itzige Kurfürſt wird nicht weniger durch ſeinen Beichtvater, einen Exjeſuiten, Pater Frank, mit Namen, beherrſchet. Dieſer Mann ſteht mit dem Kurfürſten in einem ſtillſchweigenden Akkorde; vermöge deſſen er ihm alle Ausſchweifungen gegen das ſechſte Gebot vergiebt: wenn der Fürſt dafür ſonſt thut, was er haben will. Da dieſer nun eben ſo bigott, als wollüſtig, und eben ſo wollüſtig, als ſchwachköpfig iſt: ſo hat P. Frank, der übrigens nichts weni-

weniger, als ein intriganter, feiner Kopf, sondern blos ein roher, dummer Ortodoxe ist — durch die simpelste Politique von der Welt, das Ruder des Staates in seinen Händen, das er gemeinschaftlich mit einem gewissen Baron Kreitmeyr führet. Da aber dieser Kreitmayr ganz unter dem Pantoffel seiner theuren Ehehelfte, eines pöbelhaften, schmutzigen, ränkesüchtigen Weibes steht: so kann man vielmehr sagen, daß P. Frank und die Kreitmayrin das Ruder des Staates in Bayern regieren. Die andern sind — Bootsknechte. Die Streiche dieses Weibes sind so allgemein hier bekannt, daß kein Gassenjunge ist, der nicht ein Stückchen von der Kreitmayrin zu erzählen weiß, die alle vom niederträchtigsten Geiz, schmutziger Habsucht, und von Pöbelhaftigkeit aller Art zeigen. Allgemein ist daher ihr Name der Gegenstand des Hasses und der Verachtung unter dem Volke.

Das Volk ist hier mehr, als irgendwo ein Lasthier, dem vom Fürsten, von Pfaffen

fen und Weibern Bürden aufgehalset werden, worunter es fast erliegt. Ihre natürliche Trägheit ist glücklicher Weise Ursache, daß sie diese Bürden nicht abwerfen. Keuchend schleppen sie sich drunter fort; und alles, was sie thun, ist, daß sie manchmal wie Bären brummen, und sich schütteln; wie sie ohnlängst thaten. Aber der Kurfürst, dem dabei gleichwohl nicht gut zu Muthe war, gieng nur in aller Eile aus dem Wege, und zeigte von fern die Peitsche — und gleich krochen sie wieder zu seinen Füssen; thaten gar zahm und gedulbig, und leckten ihm so lange die Hände, bis er zurücke kam: und nun lassen sie wieder von neuem ganz ruhig auf sich herum trampeln, wies beliebt.

Zu dieser Trägheit trägt zwar ihre Nahrung, das dicke Bier und die bayrischen Nudeln unstreitig viel bey: aber mehr noch das Pfaffenwesen. Es ist diesen Herren daran gelegen, dem Volke Verachtung irdischer Güter zu predigen — sie schwatzen ihnen nur stets von himmlischen Verdiensten,

sten, vom ewigen Leben, und lehren sie, daß Irdische darüber vernachläſſigen. Das getäuschte Volk trägt daher sein Geld für Meſſen in die Klöster; beschenkt die Pfaffen; läuft von einer Kirche in die andere — und glaubt, durch das Gebet mehr zu erhalten, als durch Arbeit, Fleis und Thätigkeit. Brüderschaften, Segenandachten, Abläſſe, Meſſen, Vespern, Litaneyen, und wie die geistlichen Gaukelspiele alle heißen, beschäftigen sie mehr, als häusliche Arbeiten und bürgerliche Geschäften.

Ueberhaupt ist der Schaden, den die Mönche dieſem Lande thun, höchst beträchtlich. Man bedenke nur: Bayern enthält 729 Quadratmeilen, und bringt ohngefehr 6 Millionen Gulden ein: den Umfang der Rheinpfalz und der Herzogthümer Jülich und Berg zusam enthält kaum 240 Quadratmeilen, und also nicht den dritten Theil Bayerns, und wirft gleichwohl mehr dann halb ſoviel ab, und zählt beynahe halb ſoviel Einwohner als Bayern. Dagegen hat Bayern 200 Klöster und in diesen ohngefehr

C 5000

5000 Mönche. Viele dieser Klöster haben 30 — 40000 Gulden jährlicher Einkünfte. Das einzige Kloster Niederaltreich, soll jährlich über 100000 Gulden rentiren. Alle Einkünfte der Stifte und Klöster dieses Landes belaufen sich jährlich auf 2 Millionen Gulden; die Einkünfte des Hofes auf sechs.

Kann demnach wohl etwas anschaulicher seyn, als das Verderben, das diese Horniße übers Land bringen? Was soll ich erst von der tiefen Barbarey sprechen, die sie hier verbreiten und unterhalten? Alle Pfarreyen der Stadt, deren sie baare fünf hat, sind mit Exjesuiten und alle Schulen mit Mönchen besetzt. Von allen Kanzeln hört man daher nichts, als Schimpfen und Schmähen über Freygeister, Freymaurer, und neue, gefährliche Irrlehren und Bücher ꝛc. ꝛc. P. Frank, der Beichtvater des Kurfürsten, thut sich vor allen durch Raserey und Unsinn hervor; wenn er vom Burgunderweine und Religionseifer glühend, die Kanzel betritt. Der Jesuitenorden hat sogar hier seine Loschen, deren eine im Rockerischen Hause, die andere

re beym Handelsmann Dusch und die dritte bey dem wohlberührten Baron Kreitmayr sich versammelt. Selbst der kurfürstl. geistliche Rath ist mit Männern besetzt, die ganz jesuitisch sind. Der Direktor desselben, der zugleich Dechant zu St. Peter ist, kann Dir vor diesem löbl Corpus einen hinreichenden Begriff machen. Er war es, der einen der erbaulichsten Gebräuche wieder einsetzte, welcher schon einmal abgeschaft war, und dem zu Folge jährlich am Palmsonntage ein hölzerner Christus auf einem hölzernen Esel sitzend, in dem Kirchhöfe der St Peterskirche herumgeführt wurde, dem man die Kinder hätte aufhucken und mit herum reiten lassen. Der Dechant interessirte sich aus brüderlichem Mitleid für den Esel, und verschaffte ihm seine vorige Rechte wieder, und die ganze Klerisey begleiten ihn, zum Zeichen ihrer Ehrerbietung, bey seinem Zuge.

Allein die Folgen der schönen Mönchsreligion und Mönchsmoral äussern sich auch hier wieder deutlich. Die gröbste Ausgelassenheit und Unsittlichkeit geht mit der streng-

sten Bigotterie Hand in Hand. Ein Mädchen, das um viel Geld am Freitag nicht
ein Stückchen Fleisch essen würde, trägt
dieselbe Nacht ihren Körper auf der Gasse
feil — und die fromme Matrone, die es
für die größte Sünde hielte, nicht in die
h. Messe zu gehen, macht sich kein Gewissen, die Ehre junger Mädchen der Geil-
heit eines Wollüstlings zu verkaufen.

Nirgends ist vielleicht die zügelloseste
Ausgelassenheit in dem Punkte so weit ein-
gerissen, als hier. Schwerlich ist ein Drit-
teil der Inwohner sowohl männlich- als
weiblichen Geschlechts, das nicht von der
Lustseuche angesteckt wäre. Selbst die vor-
nehmsten Häuser sind davon nicht ausgenommen, und am meisten hat man sich gegen die Saloppen und Bouffanten vorzuse-
hen; weil auch die Damen sehr freygebig
mit gewissen Gunstbezeugungen sind.

Man muß aber auch gestehen, daß die
mancher Frauenzimmer viel Anlage zur
Wollust und nicht weniger körperlichen Reiz
ha-

haben. Das weibliche Geschlecht vom bürgerlichen Stande verliert aber von seiner Schönheit durch die abscheuliche Landestracht, die den ganzen Körperbau verunstaltet. Sie tragen eine Art von fischbeinernem Küraß, Mieder genannt, der einen halben Zoll dicke und so steif ist, als ob er aus Holz wäre; worein der ganze Leib bis an den Hals eingehüllt ist; und unter diesem Küraß, Winters und Sommers, ein Leibchen bis am Halse zugeknöpft. An dem Mieder hängt eine halb Pfund schwere, auch noch schwerere silberne Kette, womit dieser Küraß vorne zugeschniert ist, und eben so eine Kette tragen sie um den Hals, vorne mit einem Schlosse befestigt. Der Unterleib ist in eine Menge von dicken Röcken gehüllt; denn sie setzen einen Stolz darein, sehr viel Embonpoint an diesem Theile des Leibes zu haben.

Ihre Bildung ist meistens schön, und hat was Eigenes im Kiene, das auf eine angenehme Art, die man im Bilde der

grie=

griechischen Sappho sieht, eingebogen ist, und dem Gesicht einen Zug von männlicher Stärke gibt. Ihre Farbe ist roth und gesund, und ihr Körper stark und fleischig.

Aber die Männer sind desto weniger schön; sie haben schmale Schultern, dicke Bäuche, magere Beine und sind von mittelmäsiger Grösse. Kurz; sie sind so ganz und gar das Ebenbild eines Kamtschadalen, daß man glauben sollte, die Reisebeschreiber, die diese schildern, haben den Bayer in einem Spiegel darstellen wollen. Selbst ihr Karakter stimmt genau mit jenem der Kamtschadalen überein. Der Kamtschadale ist kriechend, voll sklavischer Unterwürfigkeit: der Bayer ist es, wie ich oben schon zeigte, nicht weniger — der Kamtschadale ist träg und begnügt sich lieber mit wenigem, als daß er arbeitet: der Bayer lebt lieber in Armuth, geht müßig und bettelt, als daß er sich durch Arbeit die Quellen von Wohlstand zu öffnen suchte: man sieht daher auch nirgends mehr Bettler und Jaunergesindel, als in Bayern —

der

der Kamtschadale ist unmäſſig: der Bayer nicht weniger — wenn der Bayer von beſſern Zeiten der Vergangenheit ſpricht, ſo ſagt er, wie der Kamtschadale bey Steller: „Dort waren andere Zeiten; dort ſoffen wir, daß man bis über die Knöchel im Geſpeye gehen konnte: itzt macht man ſich die Fußſohle kaum naß." Da Du den Dü Halde und Steller beſitzeſt: ſo ſchlag dies Bild nach: und Du wirſt die geſagte Aehnlichkeit noch frappanter und vollſtändiger ausgemahlt finden.

Die Weiber vom Bürgerſtande führen hier das Hausregiment. Sie laufen mit einem groſſen Bunde Schlüſſel, der in einem Riemen an der Hüfte hängt, im Hauſe umher, kommandiren, ſchreyen, fluchen, und trinken vom frühen Morgen an braun Bier dazu. Der Mann iſt die Achſe, um die ſich alles herum bewegt: er ſitzt indeß gelaſſen in einem Großvaterſtuhle, und der Braunbierkrug ſteht ihm beſtändig zur Seite. Nach dem Frühestück fängt er ſchon an, Bier zu trinken, raucht dabey ſein

Pfeifchen; ißt darauf eine Wurst, oder nach Apetite auch mehrere; geht alsdann aus in die heilige Messe, und auf den Getraidmarkt, und — siht Getraid an; kömt nach Hause, ißt zu Mittag; setzt sich dann wieder in seinen Großvaterstuhl, trinkt sein Braunbier; geht Nachmittags nach der Kegelbahne, oder in die Kirche; kömt Abends nach Hause, ißt nochmal; trinkt den Schlaftrunk; *) und geht zu Bette.

Ein Bayer — selbst auch das weibliche Geschlecht nicht ausgenommen — trinkt gemächlich des Tages seine zehn, zwölf Maas Braunbier: es giebt aber deren nicht wenige, die auch mehr trinken. Die Consumption des Bieres übersteigt daher allen Glauben. Nicht allein die Bierbräuer, son=

---

*) Ist, was man, nach hiesigem Landesgebrauch noch nach dem Nachtessen, unmittelbar vor Bettegehn trinkt. In den Klöstern, besonders in Prälaturen wird daher jedem Gaste nach dem Nachtessen, noch eine grosse Kanne Bier von ein Paar Maaß mit aufs Schlafzimmer gegeben.

sondern auch die Klöster brauen; und nach dem genausten Calcul werden in all diesen Braustätten jährlich über 200000 Eimer Bier gebraut.

Auſſer dem gewöhnlichen Braunbiere, haben sie noch eine andere Gattung von Biere; das auſſerordentlich dicke und stark ist, und Einbock genant wird. Man kann es aber nur um eine gewiſſe Zeit des Sommers haben. Die Zechgäſte ſitzen dabey in den Kellern, wo es ausgezapft wird; auch unter den Bogengängen am Marktplatze ſind dergleichen Zechgelage, wo sogar Herren und Frauenzimmer von Stande sich einfinden, und Einbock trinken. An einem dieſer letztgenannten Plätze ſiht man das Bildniß D. Martin Luthers, welches in einer Niſche dieſes Bogenganges hängt; und dem plumpen Witze der Zecher zum Gegenstande dienen muß. Da dieß Getränk ſehr berauſchend iſt: so ſind wenige Zechgäſte, die nicht von dieſen Gelagen nach Hauſe taumeln. Ein Bierwirth würde auch bald in üblen Ruf gerathen; wo-

fern

fern sein Bier nicht diese Wirkung thäte. Sie erfinden daher allerlei höchst schädliche und giftigt Mittel, um diesem Getränke eine berauschende Stärke zu geben. Ueblichkeiten und rasende Kopfschmerzen sind die sichern Kennzeichen, und auch jedesmal die unausbleiblichen Folgen davon. Ueberhaupt werden hier die abscheulichsten, schädlichsten Verfälschungen mit dem Biere getrieben, die wohl einer bessern Aufmerksamkeit der Polizey würdig wären. Spießglas ist das gewöhnlichste Ingrediens, dessen sich diese Bierfälscher bedienen, um dem Biere helle Farbe und Stärke zu geben. Andere hängen Gröte in das Faß, und wieder andere treiben tausend andere Vergiftungen. . . . Wann wird man doch einsehen lernen, daß, besonders in Städten, weit mehrere Menschen durch Vergiftung der Nahrungsmittel, als durch natürlichen Tod sterben! . . . .

Nichts aber ist hier sonderbarer und auffallender, als der Kontrast zwischen den Bayern und Pfälzern. Selten wird man
zwo

zwo Nationen unter einem und demselben Fürsten finden, die einander mit Leib und Sele so ganz entgegen gesetzt sind, als diese. Der Mannheimer ist fein; der Bayer plump; jener höflich und einschmeichlend; dieser rauh und grob: jener falsch; dieser aufrichtig: jener weichlich und weibisch; dieser fest und männlich: die Sprache der Mannheimer klingt singend und fein; die Sprache der Bayern rauh und schnurrend: der Mannheimer ist munter und leichtsinnig; der Bayer träge und schwerfällig: der Mannheimer höhnet und spottet; der Bayer schimpft und prügelt.

Diese ausserordentliche Ungleichheit zwischen diesen zwei Völkern war schon alleine fähig, eine heftige Verbitterung unter beeden gegen einander zu stiften; und all der Druck und das Uebel, das die Bayern wirklich unter der pfälzer Regierung dulden müssen, sind Ursache, daß vollends diese Verbitterung zum stärksten Nationalhasse anwuchs. Der Bayer bemüht sich bey aller Gelegenheit, den Mannheimer, und

die=

dieser, den Bayer lächerlich und verächtlich zu machen. Wer von beden am meisten Ursache hat: will ich nicht entscheiden. Wenigstens hat der Bayer volles Recht, wenn er über moralisches und ökonomisches Verderbniß klagt, das die Mannheimer übers Land gebracht haben, und täglich zu bringen fortfahren.

Die Quellen des Landes werden erschöpft, und die Schätze desselben wandern häufig ins Ausland; oder werden sonst auf die schändlichste Art gemisbraucht, verschwen=
det, an Unwürdige hingeworfen. Die Stiftung der Zunge des Malteserordens ist ein laut schreyender Beweis davon. Wel=
che ungeheure Schätze wurden hier verschleu=
dert, um eine Menge adelicher Müssiggän=
ger zu füttern; oder vielmehr — denn dies war die wahre Ursache der Entstehung die=
ses Ordens in Bayern — um einem kur=
fürstlichen Bastarten, der zum Meister die=
ser Ordenszunge gemacht ward, ein glän=
zendes Glück zu gründen. Noch ohnlängst machte eine andere Bastarte aus eben dem
Ge=

Geschlechte. eine Reise nach Frankreich, die allein, den Aufenthalt daselbst mitgerechnet, dem Lande eine halbe Million Gulden kostete. Hat nun wohl dies Land nicht Ursache genug, mit der pfälzer Regierung höchst unzufrieden zu seyn? ?...

Das moralische Verderbniß, das der Bayer von den Pfälzern leidet, ist wahrhaftig nicht geringer. Seine teutsche Treuherzigkeit, sein Biedersinn, die Festigkeit seines Karakters, kurz das ganze noch übrige teutsche Gepräge dieser Nation wird durch den Umgang und die Vermischung mit den Pfälzern, diesem ausgearteten Volke Teutschlandes, immer mehr und mehr verwischt; und französischer Leichtsinn, französische Politesse, Unstetigkeit, Weichlichkeit und alle daraus entspringende Laster tretten an die Stelle. Die öffentlichen Kirchenlisten — worauf ich mich hiermit beziehe — beweisen, daß in dem ersten Jahre, als die pfälzer Regierung nach München kam, etlich und dreyßig uneheliche Kinder mehr, als in vorhergehenden Zeiten gezeugt wurden; und diese Summe stieg mit den Jahren.

So

So sehr sich das eitle Völkchen der Mannheimer mit Litteratur und Aufklärung blähet: so ist doch auch von dieser Seite München unter der itzigen Regierung tief in Barbarey zurücke gesunken. Zaupser schrieb seine Ode über die Inquisition schon unter der Regierung des vorigen Kurfürsten; und er blieb ungekränkt: erst die Pfälzer waren es, die das greuliche Spektakel darüber erhuben, wobey Zaupser — das Glaubensbekenntniß ablegen mußte! Das Project zu einer Inquisition in Bayern, wänn wurde es ausgeheckt, als unter der pfälzer Regierung? Wann wurde die schöne Nuntiatur in Bayern eingeführt, als unter der pfälzer Regierung? und alle die übrigen schändlichen Auftritte von Intoleranz und Fanatismus wurden sie je in Bayern auf jene scandalöse Art gespielt, wie unter der pfälzer Regierung? Zu welchen lächerlichen und ärgerlichen Farcen gab nicht der Illuminatismus Anlaß? Man fürchtete von jeder geheimen Gesellschaft Anschläge auf des Fürsten Leben — vielleicht, weil man dazu Ursache gegeben zu zu haben fühlte — und jede Zusamkunft ward für eine geheime Gesellschaft gehalten, die gefährliche Entwürfe brütete. Jeder hütete sich daher vor Privatversamlungen, und gute Freunde getrauten sich nicht in einen Zirkel zusamm zu tretten; um nicht der Verschwörung verdächtig zu werden. P. Frank und Kreitmayr benutzten diese Umstände, um die Furchtsamkeit des Kurfürsten zu misbrauchen, und ihn dadurch gegen eine Gesellschaft zu erhitzen, die ihren Planen hätte entgegen arbeiten können. Aber welch ein Fürst muß das seyn, der fähig ist, ohne alle vernünftige Wahrscheinlichkeit, zu glauben, daß ihm seine Unterthanen ans Leben wollen? wie böse oder wie blödsinnig, oder bedes zugleich! —

Die Gegend ist ziemlich fruchtbar und würde es noch mehr seyn, wenn man die vielen Sümpfe darin auszutrocknen wüßte. Der bekannte, verdienstvolle Lanz, eines der ersten Glieder des Illuminatenordens, hatte sich Mühe damit gegeben; allein er

starb —

ſtarb — zu frühe! Was ſonſt noch die
Verbeſſerung des Ackerbaues in dieſem Lan-
te verhindert, iſt die ungleiche Vertheilung
der Bauerngüter. Ein ſehr groſſer Theil
der Landleute iſt arm; und ich kann ſagen,
daß ich nirgends frappantere Bilder von
Menſchenelende geſehen habe, als unter
dem Landvolke in Bayern: ſo wie ich aber
auch im Gegentheil — freilich weit ſelt-
ner — nirgends in Teutſchland blühendern
Wohlſtand fand, als unter eben demſelben.
Die Urſache iſt: ein Bauersmann iſt oft
mit ſo viel Feldgütern überladen, daß beynahe ein ganzes Dorf ſich davon nähren könte; während die übrigen Inwohner Mangel daran leiden, und kümmerlich darben.
Daher kömt es dann, daß die Felder ver-
nachläſſigt, oder doch minder gut und flei-
ſig beſtellt werden.

Eine andere Urſache iſt der Pfaffen-
druck, die Winkeltyraney der Landedelleute,
der Beamten- und Schergendeſpotismus,
die Frohnen und unerhörten, himmel-
ſchreyenden Geldſtrafen und Gerichts-
tä-

taxen, *) wodurch der arme Landmann vollends entnervt, mutlos gemacht und ausser Stand gesetzt wird, seinem Feldbau gehörig vorzustehen. Es ist greulich, wie jene Hornisse an dem armen Landmanne saugen! Die Entdeckung und Ausrottung ihrer

*) Der Beamte, hier gestrenge Herr genant, hat insgemein diese Strafen und Taxen mit dem Junker, dem gnädigen Herrn, gemein, und die ersteren sind ganz willkührlich. Ist daher der Beamte ein lockerer Geselle, der viel Geld versäuft und verhurt, wie öfters der Fall ist: so straft er den armen Bauer aufs Unbarmherzigste. Ich weiß Beyspiele dieser Art, die Abscheu erwecken, und ganz despotisch sind. Oder braucht der Beamte gerade itzt Geld, und man kan nicht anders an den Bauer kommen: so stiftet der Scherge, hier Amtmann genant, einen Dritten an, der in der Schenke an jenem Streit suchen muß; manchmal reißt auch der Scherge selber dergleichen vom Zaune ab; damit man dadurch Anlaß an dem Bauer bekomme, ihn zu bestrafen.

D

ihrer mannichfaltigen Tyranneyen und Bedrückungen wären der Mühe eines bayrischen Patrioten wehrt.

Finanz und Kommerz stehen mit der Landescultur in gleichem Verhältnisse. Nirgends wird auf Mittel gedacht, Quellen zu öffnen, wodurch fremde Schätze ins Land geleitet werden könten. Keine Fabriken, und so viel müssige Menschen, so viel Jauner, Bettler und Tagediebe. Man rädert, henkt und metzelt: aber niemand denkt darauf, so viele Hände nüzlich zu beschäftigen, die sich nur zum Betteln, Stehlen und Rauben ausstrecken. Man fürchtet, den Akzis und die Mauteinkünfte zu schwächen, wenn man durch Landesindustrie die Einfuhr fremder Waare verminderte: weil man, aus einer übel verstandenen Finanz, durch den Akzis die Einkünfte der Kammer zu vermehren sucht: statt daß man dadurch — welches der wahre Zweck der Akzise ist — die Einfuhr ausländischer Waare zu verhindern trachten sollte; indem man sogleich dafür sorgt, daß das Land,

Land, so viel als möglich, mit eigenen Produkten und eigenen Manufakten versehen werde; weil wahre Kameralistik die Schätze des Fürsten nicht mit dem Schaden des Bürgers vermehrt. Und was geschiht durch den Akzis anders? Oder muß etwa nicht der Inländer, der die fremde Waare kauft, diese um so viel theurer bezahlen, und ists also nicht Er, der den Akzis gibt? Wird also nicht durch die Akziseinkünfte die Cameralkassa mit dem Schaden des Bürgers bereichert? Fremde werden warlich aus einem solchen Lande keine Waaren holen. Indem man also hier den Akzis aus Oesterreich kopirte, sah man nicht auf den Zweck, wozu er dort und in jedem wohlfinanzirten Staate eingeführt ist: sondern betrachtete und benützte ihn blos, als eine Revenuenquelle. —

Von den Werken der Kunst dahier, deren man viel seltner Meisterstücke, in Kirchen sowohl, als der kurfürstlichen Bildergallerie und einigen Privathäusern sieht, will ich Dir nichts sagen: weil schon Rittershausen und Westenrieder, in ihren Denkwürdigkeiten von München, alles über diesen Gegenstand erschöpft haben. Nur dies bleibt mir noch bey der belobten Bildergallerie zu wünschen übrig, daß die Stücke besser rangirt, und die vielen holländischen, geschmacklosen, zum Theil ekelhaften Mahlereyen, wie z. B. das alte Weib, das dem Kinde Läuse sucht, und knickt, u. d. m. davon weggelassen werden mögten.

Dein Verlangen über das hiesige Teater werd' ich im nächsten Briefe befriedigen. Morgen mach ich mit einer Gesellschaft von hier einen Ausfall nach Eichstädt, der Residenz eines kleinen benachbarten geistlichen Fürstenthums.

Mün-

München....

Da bin ich wieder. Eichſtädt iſt das elenbeſte Neſt, worin jemals ein teutſcher Biſchof niſtete. Schon der Anblick erregt Widerwillen. Es liegt zwiſchen Bergen und ungeheuren Steinklippen am Rande eines Fluſſes, Altmühl genannt, und iſt in beſtändigen ſtinkenden Nebeln eingehüllt; als ob die Natur ſich ſchämte, es ſehen zu laſſen. Die Gaſſen ſind meiſt enge, ſchmutzige, finſtere Winkel, und die Häuſer armſelig. Der Ort ſcheint zum Wohnſitze der finſtern Barbarey und der Dumheit geſchaffen, und die ſchwere, ungeſunde, neblichte Luft verkündet, daß der Geiſt der Ortodorie und des Fanatismus da wehet.

Es wimmelt von Pfaffen, Pfaffenhuren und Pfaffenkindern; und nirgends fand ich noch die Warheit ſo offenbar beſtättigt, daß Bigotterie und Ausgelaſſenheit ſtets gepaart gehn. In keinem Orte kan man Pfaffenregiment, Mönchsdumheit, Aberglauben aller Art, geiſtliche Quackſalbereyen in der Maaſſe antreffen — und in

D 3 kei=

keinem Orte kan auch wohl ausgelaßnere, unsittlichere Lebensart herrschen, als in Eichstädt. Die Domherrn haben da nicht allein ihre Mätresse bey sich im Hause: sondern auch die Kinder dieser Mätressen; wovon besonders der Domherr E — mit einer zahlreichen Menge gesegnet ist. Sie ziehen sie ungescheut, wie die Edelleute ihre Kinder, bey sich groß; halten ihnen Kindesmägde, Hofmeister, Lehrmeister, und in dem Hause so eines Hochwürdigen, der die Keuschheit geschworen hat, siht es aus, als ob mehrere sehr gesegnete Familien von Eheleuten darinne hausten. Die Mutter geht öffentlich mit den Kindern spatzieren, und die ganze Sache ist gar kein Geheimniß.

Wir waren in dem Gasthofe zur Traube abgetretten. Als wir unten in das Gastzimmer kamen, trafen wir einen Mann mit einer ausgezeichneten Bildung darin an. Seine überaus lange Habichtsnase hieng stark über den Mund herab; er hatte breite Augenknochen, ein breites, weit über den Mund

Mund vorgedrücktes Kien, und seine Augen standen ihm aus dem Kopfe hervor. Er war ausnehmend groß und nervigt, und hatte, mit einem Worte, eine ächte Sultanstaille. Wir forderten eine Bouteille Wein; er gieng in den Keller, zapfte, und bracht' ihn; gieng im Hause umher, duzte sich mit der Wirthin, setzte sich an einen Seitentisch, und sprach vertraulich mit den Zechgästen. "Mein Freund! sagt ich: weis er uns einige Zimmer an; wir wollen hier bleiben." Der Mann war betroffen, und die Wirthin fiel mir ins Wort. Ich merkte Unrath, und erkundigte mich heimlich, wer der Mensch wäre. "Es ist Seine Exzellenz der Graf Sch — hieß es; ein Domherr von hier."

Ich erfuhr nachher weiter, daß er sich, seit langen Jahren, in den Ruf des ersten Wollüstlings gesetzt, weder Weib noch Mädchen des Nachts auf offener Straße geschonet, und so manches Ebentheuer im Reiche der Venus bestanden hatte, wobey er auf dem Rücken und in den Hosen übel

D 4   zu-

zugerichtet ward. Die Wirthin unseres Gasthofs hatte schon als Mädchen unter die Zahl seines Serails gehört; und nun sie Weib ist: ist er öffentlich ihr Kebsmann; ist Tag und Nacht im Hause; macht den Wirth und den Kellner; zecht und schwatzt mit den Gästen vom gemeinsten Stande; geht öffentlich mit der Wirthin auf dem vertrautesten Fusse um; bede nennen einander nicht anders, als Du; und er schläft öfters mit ihr und ihrem Manne, der dies all gelassen zusiht, im nemlichen Zimmer, wo ein besonderes Bett für ihn steht.

Diese Züge sind vielleicht ohne Beyspiel und unglaublich: aber sie sind nichts desto weniger wahr ohne die geringste Verfälschung. Sind das nicht erbauliche Beyspiele von der Moralität der Pfaffenstädte? Kann man die grobe, plumpe Ausgelassenheit weiter treiben? — Und dies geschiht in einer Stadt, wo man den unglücklichen Pfarrer Hartmann, menschlicher Schwachheiten halber, auf die grausamste Art ums Leben brachte — wo ein tyrannischer

57

scher Lehenbauer, der berüchtige Generalvikarius und Henker des Pfarrer Hartmanns, den würdigen Kaplan Schweigard zu Ingollstadt *) in Brodlosigkeit und tiefes Elend stürzte, weil er von seinem Feinde über den Punct der Keuschheit verdächtig gemacht worden war. O Pfaffenstädte! o Pfaffenregiment!

D 5 Der

*) Dieser Unglückliche sank so tief in Armuth und Elend herab, daß er, zu seiner Nahrung, einige Zeit lang, in München Kegel aufsetzte. Das geistliche Ratscollegium in München nahm sich doch endlich der gerechten Sache an, foderte für ihn Genugthuung vom Ordinariate zu Eichstädt; und legte, als sonst nichts verfangen wollte, Beschlag auf die bischöflichen Zehendgefälle. Worauf endlich Schweigard eine Entschädigung und seine Kaplaneystelle wieder erhielt, nebst der Zusicherung der nächst erledigten Pfarrey. Allein der Unglückliche starb bald darauf an den Folgen seines Grams, und sein boshafter Ankläger, der Schandbube Kellhamer mußte binnen 3 Stunder München räumen.

Der Fürst ist eine alte Meme, die ganz von den Domherrn gegängelt wird. Seine wichtigste Beschäftigung ist zu essen und zu trinken; und darin scheint er alle Vorzüge seines Standes zu setzen. Er hat sich bereits halb tote gegessen, und ißt, und trinkt, bey allen Gebrechlichkeiten seines hinfälligen Körpers, vom frühen Morgen an immer fort. Sein Frühstück besteht schon aus Gebratenem und Weine. Er kennt daher auch keine Sorge, als seinen Leib immer offen zu halten und immer wieder bis zum Uebermaaße anzufüllen. Seine Regierungsgeschäfte überläßt er sorglos seinen Dienern, die machen können, was sie wollen; wenn sie nur sorgen, daß er gut Essen und Trinken hat.

Du kanst Dir leicht vorstellen, was unter einer solchen Regierung für Farcen und Hanswurstiaden gespielt werden. Nur eins für tausend; um Dir davon einen Begriff zu machen.

Als dieser Fürst seine Regierung antrat: fiel ihm ein, sich im ganzen Lande huldigen

gen zu laſſen; eine Scharlatanerey, die vor ihm kein Fürſt in undenklichen Zeiten gethan hatte, und die dem Ländchen an fünfzigtauſend Gulden koſtete. Die erſte Huldigungsfarce ward in der Reſidenzſtadt geſpielt; dann fuhr er von Ort zu Ort im Lande herum, und überall führte man dieſelbe Farce von neuem auf. Eine Beſchreibung davon will ich Dir in einem Auszuge hier beyſetzen, der in einem Zeitungsblatte erſchien, und zu der ſcandalöſen Farce, die Du hören wirſt, Anlaß gab.

„Die Huldigungsfeyerlichkeit Sr. hoch„fürſtl. Gnaden" — heißt es dort aus einer dieſer Ortſchaften — „ward auch bey „uns heute mit all den gewönlichen Feyer„lichkeiten, unter dem Zuſammenlaufe ei„ner ungeheuren Menge von Zuſchauern, „vollzogen; wobey ein paar erbauliche „kleine Anreden, ſonderheitlich von dem „Herrn Kaſtner des Ortes, mit viel red„neriſchem Anſtande waren abgeleſen wor„den. Der Schall der türkiſchen Muſik, „die unter der Huldigung ſelbſt fortwehrend
„ey

„erklang, und die Paradirung der bürger=
„lichen, in brauner, mit weissem Papier
„aufgeschlagener Uniform, niedlich geklei=
„deten Garde gaben der Handlung ein
„recht rührend und majestätisches Ansehn.
„Triumphbögen, Beleuchtungen hatten
„wir zwar keine — dafür aber hieng über
„dem Kirchhofe buchstäblich folgende In=
„schrift:
„Vivat, Eß *) leb
„Johann Anton!"

Du denkst wohl, daß man darüber
großmüthig die Achseln gezückt, gelächelt,
und das Ding mit stolzer Verachtung über=
gangen, oder sich zu groß gefühlt hätte,
um es für Spott anzunehmen. Du hast
Recht: so würde es wohl jeder andere Fürst
aufgenommen haben; oder hätte es doch so
aufnehmen sollen. Aber nun höre, wie
sich die Eichstädter dabei betrugen, und
Du

---

*) Vielleicht sollte dieß fehlerhafte Eß eine
Zweydeutigkeit seyn, die von der Lieblings=
neigung des Fürsten, dem Essen hergenom=
men war.

Du wirst über diese Züge von Kleinheit des Geistes erstaunen.

Dies lesen, und in laute Raserey ausbrechen, war am ganzen Hofe ein Tempo. Alles gerieth in Bewegung. „Pasqwille! Pasqwille!" schrie man: „Majestätsverbrechen!" Die ganze Stadt und das Land kam darüber in Aufruhr, und schwur, den Lästerer zu tödten. Man hatte itzt keine Angelegenheit am Hofe, als ihn auszukundschaften. Eine hochfürstl. Deputation ward nach der Stadt gesandt, wo die Zeitung heraus kam; und ihr ein Schreiben an den Magistrat mitgegeben, worin die Sache, nach aller **peinlichen** Strenge zu untersuchen verlangt ward. Der wohlweise Magistrat in Augsburg, immer thätig und bereit, wo es darauf ankömt, dumme Streiche zu machen, ließ den Zeitungsschreiber sogleich ins Gefängniß werfen; woraus ihn nur ein körperlicher Eid retten konte, den er abschwören mußte: daß er den Einsender der obigen Anzeige nicht wisse.

Allein

Allein man hatte in Eichſtädt auf einen jungen, helldenkenden Mann, der damal in der Gegend wohnte, und der ſchon mehrere eichſtädter Abderitismen öffentlich gerügt hatte, Verdacht. Man zeigte von ihm eine Handſchrift vor, und der Zeitungsverleger ſagte; daß er meine, die Schrift ſey jener des Einſenders ähnlich. Mehr brauchte man nicht. Gleich ward auch an die Obrigkeit des Ortes, wo der junge Mann wohnte, ein Eilbote mit einem Schreiben abgefertigt, worin jener als Pasqwillante angeklagt, und Arreſt und Inquiſition gegen ihn, ohne weiters verlangt wurden. Es war der berüchtigte Baron Lehrbach weil., unter deſſen Gebiete der Ort eingehörte. Dieſer ſchwachköpfige Tyrann häufte das Maaß ſeiner Despotismen damit, daß er den jungen Mann, deſſen emporſtrebender Geiſt und Muth ihm ohnedies auch ſchon lange im Wege war, ohne Beweis noch Beleg, arretiren, und, wie den ſchwärzeſten Verbrecher, von zwey Mann Wache mit Ober- und Untergewehren bewachen ließ. — Kann man

man eine lächerliche Farce ernsthafter spielen, als sie hier von ein paar Schwachköpfen gespielt ward? . . .

So saß der junge Mann vier ganze Wochen, wehrend denen man ihn mit peinlicher Schärfe und Formalität inquirirte; ohne daß man ihm einen einzigen standhaften Beweis hätte machen können. Itzt endlich kam er wieder los, und erhub über diese abscheuliche Behandlung Klage am Reichshofrathe; wo die Sache noch ligt. Er erzählte mir seine Geschichte, die ich schon vorhin so gehört hatte, selbst, und setzte hinzu: als er lange Zeit darauf durch Eichstädt geritten sey, und da habe übernachten müssen, habe man ihm in zwey Gasthöfen, wo er bekant war, das Loschis versagt; so, daß er genötigt gewesen sey, an einem Ende der Stadt, wo ihn niemand kante, einzuquartieren.

Ich glaube, Du hast genug hieran, um nichts weiter von Eichstädt hören zu wollen. Aber ich kann doch nicht umhin, Dich

Dich mit dem berufenen, sogenanten heil. Oehle bekant zu machen, das aus den Rippen einer heiligen Nonne fließt; Walburg genant. Diese Gebeine liegen in dem Kloster, das von ihr seinen Namen hat, und zwar in der Vertiefung eines Altars eingemauert; wie uns der Geistliche versicherte, der dabey den Ciceronn machte. Man siht demnach diese Gebeine nicht, und kein Sterblicher hat sie noch je gesehn; nur das Wasser, oder wies dort heißt, Oehl siht man, das aus den Steinen trieft, die, der Sage nach, diese Gebeine decken. Zwar ist es auch weder an Geschmack noch Ansehen von dem andern Wasser ganz und gar nicht verschieden — auch fließt es gerade um die Jahrszeit, wo gewöhnlich das Wasser von den Steinen triefet: dem allen ohngeachtet — gibt es einen gröbern Betrug und eine unbegreiflichere Dumheit? muß es Oehl aus den Knochen der Heiligen seyn. Man muß in dem Falle wenigstens gestehn, daß die heil. Nonne Walburg sehr wässerigter Natur gewesen seyn müsse. —

Der

Der Abſatz, den dieſe geiſtlichen Waſſer=
händlerinnen von dem wunderbaren Safte
ihrer heiligen Schweſtern machen, war, be=
ſonders in ältern Zeiten, ganz erſtaunlich
ſtark; und ein kleines Fläſchchen, das ohn=
gefehr etliche Tropfen enthielt, in einer klei=
nen hölzernen Kapſel, koſtete 12 kr. Wars
aber ein Flaſchenkeller, das heißt, ein Fut=
teral, das mehrere ſolche Fläſchchens ent=
hielt, zierlich verbremt mit bunten Fleck=
chen und falſchen Goldſpitzen: ſo lief die
Sache auf groſſe Thaler. Zwar foderte
man nichts; es hieß nur ein **freiwilli=
ges Opfer**: allein wer nur einen Kreu=
zer an dieſem **freiwilligen Opfer** hät=
te fehlen laſſen, würde ſicherlich das ver=
langte Heiligthum nicht erhalten haben.

Die Wunderkraft, die ſie dieſem Humi=
do radicali ihrer Nonne andichten, iſt hin=
gegen auch unendlich mannichfaltig, und
man könte es billig ein geiſtliches Univerſal=
elixir nennen. In unſern Zeiten aber, wo
die Gnade Gottes, der Glaube und das
Zutrauen immer mehr und mehr von den

E ver=

verderbten Menschenkindern weicht, wills nicht mehr so recht helfen. Der Absatz nimt daher gewaltig ab, und diese geistlichen Handelsfrauen sind wirklich nahe an einem gänzlichen Banqueroute. —

Noch gar ein armseliges Städtchen hab ich auf diesem Wege passirt. Die Musen haben sich einst, aus einer Art von Verzweiflung, dahin begeben, und den Ort zu einer Universität gemacht, die genant wird --- J n g o l st a d t ! Allein schon lange hat Barbarey und Fanatismus dieselben wieder daraus vertrieben, und am Platze der Musen sitzen nun — die Exjesuiten! statt Wissenschaften, wird Unsinn und Ortodoxie gelehrt; die Hörsäle sind Schwindgruben der Mönchsdumheit, worin ein Trauner, ein Frölich, ein Stattler allen erdenklichen Mönchswust von den Kanzeln herab, in facie ihrer Zuhörer ausleeren, und links und rechts giftigen Geifer auf den speyen, der dabey die Nase zuhält, oder sich nur im Geringsten merken läßt, das ihm darob ekle. Wehe dem,
der

der es wagen will, reine Vernunft vorzutragen, oder nur ein gutes Buch einzuführen. Weishaupt machte den Vortrag, Richard Simons philosophische Geschichte und Bayle's Wörterbuch in die Bibliothek anzuschaffen — und er wurde seiner Stelle entsetzt; und viele Studierende, dies wagten, ihn nur zu bedauern, wurden mit kränkenden Verweisen bestraft, oder als der Ketzerey verdächtig zu der strengsten Inquisition gezogen, manche auch gar von der Universität verwiesen. Doch genug von diesen Orten der Finsterniß. —

Vom hiesigen Teater willst Du noch etwas wissen, und ich will Dein Verlangen erfüllen. Schon das Aeussere, besonders der Eingang ist eben nicht geschickt, einem die vorteilhafteste Meinung davon einzuflössen; vielweniger einige Empfindungen von Ehrerbietung für diesen Tempel Appollens zu erregen. Man kömt durch einen ziemlich kleinen Vorhof, zwischen lauter Schoppen, am Platze, da

E 2   jeder,

jeder, ders nicht weiß, in einen Stall zu kommen glauben würde — ins Heiligthum. Der Eingang ins erste Paterre ist ein ganz enger Schlupfwinkel; den eine schmale, steile Treppe hinunter führt, wo ich einer Dame, die mir entgegen kam, so nahe gerieth, daß unsre bederseitige Schaam nicht wenig ins Gedränge kam, und ich eben im Begriffe war, mich zurücke zu zihen; als der Chevalier T**, der sie begleitete, meine Bestürzung mit den Worten vermehrte: „Verzeichns, d'gnädi Frau is schwonga!" *)

Die Bauart ist überhaupt nach der schlechtesten Zeichnung ausgeführt; und ich zittre bey dem Gedanken, wenn einst Feuer in diesem Schauspielhause auskommen sollte: so wenig ist darin für Ausgänge gesorgt. Aber das Aeusserliche, oder, mit dem Lieblingsworte unseres Jahrhundertes, das Phisiognomische des münch=

—————
*) Verzeihn Sie, die gnädige Frau ist schwanger.

münchner Teaters sollte nun einmal durchaus nicht vortheilhaft seyn. Zum Beweise dienen der Intendant des Teaters, Graf Seau und der Director, Marschand; die zwey frappantesten Faunusphysiognomien, die man sehen kan! Und in den Händen dieser Männer ist die Auswahl der Stücke, die Anordnung, kurz; das Teater, die Schule des Geschmackes, des Herzens und der Sitten! Vielmehr der Graf, dum und ganz ohne Geschmack und Bildung wie Marschand, aber noch weniger geübt im Teaterwesen als dieser, übergibt ihm alleine sorglos das Ruder, und sein Geschäft ist blos, Teaterzänkereyen abzuthun, Teaterkosten zu bestreiten, die Garderobe zu rekrutiren u. d. und sich hin und wieder ein Nymphchen von der Bühne für seine Faust zu nehmen. Trefliche Stücke, tüchtige Leute zu bekommen, eine gute Auswahl aufs Teater zu bringen, die Rollen dem Talente gemäs zu vertheilen — daran wird hier gar nicht gedacht. Um sich die Mühe eigener Prüfung zu ersparen; wahrscheinlich

lich auch aus Mistrauen gegen eigenen Geschmack, führt man ordentlicher Weise ein neues Stück nicht ehender auf, als bis es in Wien aufgeführt worden ist. Aber nirgends zeigt sich der Mangel an Geschmack und richtigem Gefühle des Hrn. Marschand deutlicher, als in seiner Auswahl. Ich betheure Dir, daß in einem ganzen Monate selten zwey kraftvolle, sondern lauter abgeschmackte, fade, tändelnde Stücke aufgeführt werden. Dies war schon die allgemeine Klage gegen Marschand, als er noch auf den Messen zu Frankfurt sein Wesen hatte. Schon damal hat er mit seinen Frazzen à la Françoise und seinen Operettchen die Gegend und alle Ohren so voll gedudelt, und voll gegikakelt, daß man seiner herzlich überdrüssig ward, und es nicht länger mehr ausstehen mogte.

Warum blieb doch Hr. Marschand mit seinem französischen Geschmacke nicht auf seinem vaterländischen Teater? Mußte dann Deutschlandes und besonders Bayerns
böser

böser Genius auch noch einen Bader *)
aus Frankreich daher führen, der seine
Saalbaderbühne in Teutschland aufschlug,
teutsche Mannskraft kombabisirt, teutschen
Geschmack bequacksalbert, und das teutsche
Publikum mit französischem Unsinne laxirt?

Wie die Stücke, eben so übel assortirt
sind hier größtentheils die Leute und ihre
Rollen. Hr. Huck, Hr. Heigl sind unter
den Männern die einzigen Guten. Letzte=
rer spielt die Helden, die Fürsten, die Mi=
nisters mit ausserordentlichem Talente. Aber
am wenigsten zu seinem Vortheile hab ich
ihn, als Geist in Kama gesehn; wo er statt
das Hole, Dumpfe der Gespenstersprache
anzunehmen, ganz im gewöhnlichen Tone
sprach; wie die Giftmischerin Agandecca,
ein vom Alter niedergebeugtes Weib, die
im feinen Tone eines jugendlichen Mäd=
chens declamirte. Ich wünschte, daß
H e i g l den Geist im H a m l e t von O p i=
z e n in B e r l i n hätte spielen gesehen; um

sein

*) Bekantlich ist Hr. M. aus dieser Zunft.

sein Spiel in dergleichen Rollen nach diesem Muster zu verbessern. Schade übrigens, daß sein Körperbau nicht geschmeidig genug fürs Teater ist.

Huck macht die Ebentheurer, die Liebhaber, die Faquins vortreflich! Allein wegen dem Mangel an Subjecten muß Huck der Proteus des hiesigen Teaters seyn, und Rollen spielen, die für ihn schlechterdings nicht taugen. So sah ich ihn z. B. als Bauer in den Dorfdeputirten, wie er das Hohe und Edle im Blicke und Anstande nicht verbergen konte, das ihm in seinen übrigen Rollen eigen ist, und mit der gegenwärtigen einen Kontrast machte. Als englischer Waise in dem Stücke, das diesen Titel führt, hat er mir eben so wenig genug gethan. Er verliert seine Rolle aus dem Gesichtspunkte, und bearbeitet sie von einer ganz schiefen Seite. Er spielt schon seit mehr dann 15 Jahren die jungen Liebhabers, und muß sie ohne Gnade und Barmherzigkeit fortspielen: ohngeachtet er schon in den Vierzigen ist, und selbst klagt,
daß

daß er wenig Beruf mehr dazu in sich fühle.

Anglois, der Einzige, der ihm noch manchmal aushilft, ist, ausser den ganz läppischen Stutzerrollen, hauptsächlich wegen seinem kindischen Sprachorgane nicht auszuhalten.

So ist auch für einen Lear schlechterdings kein Subject da; damit aber Seau nicht nöthig hat, eins anzunehmen: so muß ein magerer alter Mann aus der Gesellschaft, der sonst nur selten, in Hauptrollen nie auf die Bühne kömt, und ganz unten in der Reihe der Mittelmäſſigen steht, Seufelder ist sein Name, diese ungeheure Lücke ausfüllen. Denn der Bauch des Hrn. Marschand, der immer gleich für und fertig ist, dergleichen Rollen zu spielen, hat zum Unglück einen so gewaltigen Umfang, daß man gar leichtlich vier Lears daraus fertigen könte. Ausserdem ist kein Zweifel, daß er dieser Rolle viel Ehre machen würde!

In der That besitzt Marschand die Gabe, manche Rollen mit Empfindung auszudrücken, und man kann ihm das Verdienst nicht absprechen, daß er das meiste fühlt, was er spricht: nur sollte sein dickbesagter, übrigens sehr respectabler Bauch weniger mitspielen, der sich stets elastisch hebt; und die konvulsivischen Zuckungen der Glieder, womit er jeden Satz begleitet, und das mühsame Keuchen, und die hohle Bauchsprache und das weinerliche Gewinsel, das er, wie sein Schnupftuch — den Talismann der Franzosen — immer gleich nach Art derselben in Bereitschaft hat — all dies Geziere sollte Hr. Marschand fein sauber weg laſſen. Würde er dafür beſſere Declamation, geſetzten teutſchen Ton und Gebärde ſtudiert haben: ſo könte er ein guter Schauspieler geworden seyn. Zum Director aber war er ein= für allemal unwiederbringlich verloren.

Unter den Weibern der Geſellſchaft verdienet vorzüglich angemerkt zu werden, Me. Frenau; die eine sehr gute Schauspielerin ist.

ist. Nur wünscht' ich, daß die Bewegungen ihrer Aerme weniger mühsam nach den Schönheitslinien abgezirkelt wären. Auch eine gewisse Me. Neuhaus, eine von den Favoritinen, denen Sultan Seau ehemals das Schnupftuch zugeworfen hatte, schwadronirt mit ihren langen Aermen ganz artig. Noch besser sind Me. Heigl und Me. Antoine; welche letztere als Kama so gut spielte, daß sie dem Kurfürsten eine jährliche Pension von 400 Gulden abgewann: wiewohl ich wünschte, daß sie dort, wo sie als Siegerin aus der Schlacht kömt, mit jenem edlen teutschen Siegerstolze im Blick und Anstande, und nicht, wie sie that, als ich sie sah, mit wehmütiger Miene, langsamen Schritten, und nach der Seite hängendem Kopfe einher träte. Sie hat auch eine Tochter, die — hübsch ist, und viel gute Anlage verräth. — —

Bey allem, was ich Dir von der hiesigen Schaubühne sagte, befremdet mich nun nichts mehr, als daß gerade der schlechtere Theil der Gesellschaft nach der Residenz gezo=

gezogen wurde; indeß man den viel bässern in Mannheim zurücke ließ. Ein einziger Iffland, dieser Proteus des Teaters, wiegt, mögt' ich sagen, die ganze hiesige Gesellschaft auf. Von Beil, Böck, u. m. will ich gar nicht reden.

Aber das Beste hätt' ich bald vergessen, die Ballets und Divertissements von den Herren Legrand und Crux! Wenn wirklich Tanz und Mimik den höchsten Ausdruck hätten, den bede in ihrer Art haben könten: so würden doch diese Divertissements und Ballets nicht anders als höchst fade und abgeschmackt seyn. Man siht ihnen gar so deutlich an, daß die Herren Crux und Legrand höchstens nur die Mechanik, nicht die Aesthetik ihrer Kunst gelernt haben. Nun denke Dir aber noch hinzu, daß ihre Pantomimen so wenig Sinn verrathen, als die heilige Apocalypsis; daß Du wohl Dein Leben lang sitzen, und zusehen kanst, ehe Du einmal spitz kriegen wirst, was sie dann mit ihren tausenderley Bocksprüngen und Krimassen ei‐
gent‐

gentlich haben wollen — und die mancherley häßlichen Dirnen und Bürschchens, die sich da unter einander rum tummeln, wie die abgerichteten Hunde und Affen, die man bey Euch auf der Messe zur Schau führt — nur mit dem Unterschiede, daß hier nicht Hr. Crux und Legrand, wie dort die Prinzipalen, mit der Peitsche hinter her laufen — dies stell Dir einmal so vor, und Du hast die Skizze von den Divertissements und Ballets der Herren Legrand und Crux! Und gute nur, daß sie so sind, wie sie sind; denn dafür schon bekömt einer dieser Herren 4000 Gulden jährlichen Gehalt; ohne zu gedenken, daß der Kurfürst noch überdies schon mehrere sehr beträchtliche Schuldsummen für Legrand bezahlt hat. Wären die Ballets erst gute: sie würden dem Lande gar zu theuer kommen. Ist eine kostbare Sache um Ballets von französischen Balletmeistern in Teutschland! — Ein Staatsbedienter, ein Rath mag immer zusehn, wie er sich und seine Familie von etlich hundert Gulden ernährt. Er hat auch

wei-

weiter nichts zu thun, als über Recht und Unrecht zu erkennen, und das Wohl des Staates befördern zu helfen. Hingegen ein französischer Balletmeister — das ist ganz was anders! Er erkent zwar nicht über Recht und Unrecht: aber — über Zierlichkeit der Bewegungen — er befördert nicht das Wohl des Staates: aber er befördert alle Wochen ein paar Stunden das Vergnügen des Parterres, und zieht die Maschinen auf, die dann gar possierlich hüpfen — und hat er nicht Weib und Kinder zu ernähren: so ernährt er doch — Mätressen und Bastarten! —

Zum Beschlusse muß ich Dir noch ein komisches Original produziren; weil doch sein Name leider! in Teutschland nur zu sehr bekant ist. Es ist der Mann, dessen sämtliche Schriften — und leider schrieb er sehr viel — sich insgesamt unter den Titel bringen lassen: Handbuch für Kindesammen und Wartweiber, bestehend in allerley anmuthigen Mährlein. Du begreifst nun wohl, daß von niemand

mand anderem die Rede seyn könne, als dem bekanten E ckartshaußen, der Zeit Hofrath und Mährchenerzähler dahier. Dieser ernste Moralifte, dieser strenge Tugendprediger ist — ein wechsernes Marionettenmännchen, mit hochfrisirten und parfümirten Haaren und einem roth gemälten Gesichte, kurz, ein ächter Stutzer im ganzen Sinne des Wortes; dessen Handlungen eben so sehr als seine Person gegen den abstechen, der er in seinen Schriften zu seyn scheinen will. Sein läppisches Wesen, sein Hang zur Ziererey verband ihn mit einer eben so lächerlichen und eben so gezirten Dratpuppe von Weibe, ohne Sinn und Gefühl, die, obgleich in München gebohren und erzogen, nichts als französisch spricht, und ordentliche Vapeurs kriegt, so oft sie die rüde teutsche Sprache hört; sich Wunderdinge auf ihre Schönheit — dies ist, auf einen kleinen wunzigen Körper und ein glattes, ganz unbedeutendes Frazzengesicht einbildet; und die dem guten Männchen, auf ächt französisch, schon so viele und so hervorstehende Hörner aufgesetzt hat, daß er nie anders als Chapeau bas geht.

Er

Er hat selbst eine ihrer Intrigues ammoureuses, die sie ihm mitspielte, und die ohnehin in der ganzen Stadt bekant sind, in seinen Wochenblättern, die zu München herauskamen, unter fremden Namen erzählt, und darin sein eigenes Weib, das gleich jedermann kante, auf die Schandbühne gestellt. Das arme Männchen — ohnehin sehr schwermerischer und romantischer Natur — ist daher mit der ganzen Welt unzufrieden; baut sich überall einsame Hüttchen, gukt in Mond, und liegt an Quellen, wimmert kläglich in ihr Gemurmel; träumet von nichts, als Unschuld, Tugend und arkadischem Schäferleben — und würde sicherlich vor Wehmuth und süsser Melancoley vergehn: fände er nicht zum Glücke unter den Tänzerinnen oder sonst manchmal eine Chloe, mit der er sein kleines Arkadien und seine süsse Träumereyen realisirt. Er magnetisirt auch elektrisirt, und — läßt Geister erscheinen. — Genug von ihm: sonst mögte er auch mich erscheinen lassen — und Gott sey dann meinem Geiste gnädig!! —

Hier-

Hiemit Gott befohlen. Nächstens verlaß ich das Land, ubi nullua Ordo, sed sempiternua Korros inhabitat — und setze meine Reise nach Wien fort.

F   Wien...

Wien....

Hier bin ich! und sehe nun wieder, daß alle Vorstellungen, die wir uns von der Ferne machen, durch die Annäherung verlieren. Wie wahr fühl' ich doch abermal, was der göttliche Göthe sagt, der Mann, um den alleine wir die Teutschen beneiden!

„Es ist mit der Ferne, wie mit der
„Zukunft. Ein grosses, dämerndes Gan=
„ze ruht vor unsrer Sele, unsre Empfin=
„dung verschwimt sich darinne, wie unser
„Auge, und wir sehnen uns, ach! unser
„ganzes Wesen hinzugeben, uns mit all
„der Wonne eines einzigen, grossen, herr=
„lichen Gefühls ausfüllen zu lassen. Und
„ach! wenn wir hinzueilen — wenn das
„Dort nun Hier wird, ist alles vor wie nach,
„und wir stehn in unserer Armuth und Ein=
„geschränktheit, und unsere Sele lechzt
„nach entschöpftem Labsale."

Was aber all meine Erwartung übertraf, ist das Angenehme und Ergötzliche der Donaufahrt hierher. Eine ganz romantische Natur frappirt das Aug in mannichfaltigen reizenden Bildern. Man glaubt,

glaubt, die Züge romantischer Schwärmerey, die in dem Karacter der alten Boarn lag, hier zu erblicken. Das geht nun aber freilich nicht ab: ohne daß Dir die drolligsten Züge von Bigotterie mitunter aufstiessen. Da wir nie eigenes Schiff hatten; bald da, bald dort anlanden liessen; über Nacht blieben, und zu Fusse giengen, wies uns gefiel: so hatt' ich Gelegenheit, deren manche aufzuspüren.

In Straubing z. B. sah ich eine Muttergottes, die einst die helllichten Tränen geweint hatte. Ausserhalb der Stadt ist eine Kirche, welche von niemand geringern, als von Engeln — wer wäre auch sonst hiezu fähig gewesen? — durch die Luft getragen wurde. In dieser Gegend, auf dem Bogenberg, befindet sich eine schwangere Muttergottes, die einst über Kreuz und Quere, plötzlich auf dem Wasser daher geschwommen kam, und — ein Loch mit einem Fensterlein im Bauche hat, durch welches ihre Verehrer ihre Andacht zum Herrn Jesus verrichten, den man leibhaftig im Bauche erblickt. In der nemlichen Gegend zu Loh, war eben ein

großes Feſt; die Leute kan en mir ſchaaren=
weiſe entgegen. Ich erkundigte mich, wo=
hin ſie giengen; und erfuhr, daß heute
einer der gewönlichen Tage wäre, an wel=
chen man zu Loh den Herrn Chriſtum am
Kreuze beſuche, dem die Barthaare
wachſen. Alle trugen Victualien mit
ſich, als Rindfleiſch, Schweinfleiſch, Eyer,
lebendige Hühner, die ſie dem Herrgotte,
wie ſie ſagten, opferten, und die ſtatt deſ=
ſen, von den Benedictinermönchen zu Met=
ten, denen die Wallfahrt angehört, an=
dächtig aufgezehrt werden.

Zu Deckendorf, einer andern auf
dieſem Wege gelegenen Wallfahrt iſt vol=
lends das größte Heiligthum, das die
Mönche beſitzen; es ſind blutige Hoſtien,
die einſt von Juden, ſamt der Monſtranze
geraubt, und mit Nadeln geſtochen wur=
den. — Dergleichen blutige Hoſtien gibts
auch noch auf einer andern Wallfahrt in
Bayern, nemlich auf dem Berge An=
dechs. —

Nachdem ich nun alle die ſchwangern,
weinenden, ſchwimmenden und fliegenden
Marien mit und ohne Loch im Bauche —
die

die Chriſtuſſe, denen der Bart wächſt, und die blutigen Hoſtien glücklich vorbey paſſirt war: Gottlob! ſagt ich, und atmete freyer, daß ich nun im Lande der Aufklärung bin, wo Kaiſer Joſeph all dieſen ſchändlichen Betrügereyen der Mönche Einhalt thut, und dem Aberglauben den Kopf zertrat! Aber wie erſtaunt' ich, als wir nahe vor Wien ankamen!

Ein groſſer Bauernwagen, voll Herren und Frauenzimmer, geputzt und friſirt, dieſe mit Paraſols und taffetnen Saloppen, jene mit geſtickten Fracks und zwey langen Uhrketten, raſſelte fröhlich an uns vorüber. Ich fragte, was dies zu bedeuten habe. „Es ſind Wallfahrter, die um dieſe Zeit jährlich nach Marietaferl fahren" — war die Antwort. Hinten drein folgte noch eine Menge Kutſchen, die alle dahin fuhren! — —

Ich gab nachher einſt meine Verwunderung darüber in einem freundſchaftlichen Zirkel dahier zu erkennen: aber einer davon zog mich vertraulich bey Seite: „Wiſſen Sie dann nicht, ſagte er: daß unſer Kaiſer ſelbſt erſt ganz kürzlich eine Wallfahrt zu

der Muttergottes nach Hetzendorf verrichtet, und sie mit einem brillantuen Ringe, einem kostbaren neuen Kleide und 600 Gulden baar Geld für Messen bestochen hat; damit sie ihn von der Phtisi Metastasi heilen mögte? daß er in allen Kirchen für seine Genesung beten, und Messen lesen läßt? daß all unsere Aufklärung und Philosophie nichts war, als Eigennutz und Gewinsucht, die man unter schöne Namen zu verstecken suchte? daß es weniger darum zu thuu war, Aberglauben und Mönchsgrundsätze zu verbannen, als — ihr Geld zu erhaschen? — Freund! unsere Religionskassa ist nichts anders, als — die Kriegskassa! und jener hatte Recht, der hier ein Gemälde mahlen und ausstreuen ließ, worauf die Mönche ihre Schätze in eine Kassa ausleeren, die die Ueberschrift: **Religionskassa**; aber keinen Boden hat: so, daß alles Geld in die unten stehende **Kriegskassa** fällt. Der Kaiser hängt im Grunde selbst, so sehr, als jemand in seinem ganzen Lande, an Möncherey und Aberglauben. Niemand glaubt fester, als er, an die Gewalt des Teufels und der Heiligen;

gen; die er bey jeder Gefahr um Schutz anruft; wehrend er gleichwohl ihre Altäre zerstört, und ihre Schätze sich zueignet. Allein er nahm die Maske der Aufklärung und Philosophie vor; weil er auf diese Art seinen Geld = und Ehrgeiz — diese zwey herrschenden Leidenschaften seiner Sele — zugleich befriedigen konte. Was er auch that, lief all darauf hinaus, ihnen zu frohnden. — Und unser Volk — wie kan das aufgeklärt seyn? Seit undenklichen Zeiten lag es in tiefer Finsterniß, und im eisernen Pfaffenjoche; gewöhnt, nur das zu thun, was diese wollten: denn selbst die Herrscherin des Landes ward von ihnen, wie eine Puppe gegängelt, und aus ihrem Munde geboten die Pfaffen. Die Kaiserin stirbt — und auf einmal erscheinen Verordnungen über Verordnungen, Edicte über Edicte: das nicht mehr zu glauben, was man bisher geglaubt hatte! Das Ansehn derjenigen ward verdächtig gemacht, die bisher das ganze Zutrauen des Volkes hatten. Was sollte das Volk nun glauben, da es sah', daß es bisher getäuscht worden war? wem sollte es trauen? mußte es nicht denken, daß es zum zweytenmale getäuscht würde, da es diejenigen schon einmal getäuscht hatten, die ihre ganze Verehrung und ihr ganzes Zutrauen besaßen? Wirklich ist dies der Fall hier zu Lande. Entweder man glaubt gar nichts mehr; ist Freygeist, Gottesläugner ꝛc.: oder man glaubt noch alles; und der Unterscheid dabey ist nur dieser, daß man verbittert ist gegen den, der uns diesen Glauben entreisen will, und ihm dabey nichts Gutes zutraut. Daher zum Theil die Kälte des Volkes gegen seinen Kaiser. — Aufklärung läßt sich nicht durch Verordnungen erzwingen. Sie ist das Werk einer langwierigen, stufenweisen Vorbereitung. Der Verstand will überzeigt seyn, wenn er Ideen ablegen soll, die wir mit der Muttermilch eingesogen haben, und die durch die Länge der Zeit zur zweyten Natur geworden sind. Allein um dies war es dem Kaiser nicht zu thun: er wollte nur die Früchte ärndten, ohne zu säen; ihm war genug, wenn er nur seine Lieblingsleidenschaften, seinen Ehr= und Geldgeiz befriedigen konte: ob sein Volk dum oder aufgeklärt war; dies küm=

kümmerte ihn wenig. Oder, wenn es ihm um Auffklärung und nicht vielmehr um Bereicherung zu thun war: warum hob dann der Kaiser nicht die Franziskaner, Kapuziner und so viel andere Bettelorden, sondern nur die reichen Abteyen auf? denn die Bettelmönche existiren bey uns noch ungestört in ihrer ganzen Wesenheit. Und was wollen Sie; wenn ich Ihnen sage: daß erst noch in den Zeiten dieser unserer sogenanten Reformation, die Kapuziner, mit Erlaubniß des Kaisers, die öffentliche Heiligsprechung eines gewissen P. Lorenz von Brundus mit grossem Lerm und Gepränge feyerten, und mit Erlaubniß des Kaisers gedruckte Beschreibungen seiner Wunderthaten öffentlich verkauften? wenn ich Ihnen sage: daß wir hier so gut als irgendwo, unsre miraculösen Bilder, und Heiligthümer haben? Wir haben z. B. bey St. Stephan ein Fieberbrod, das da ausgetheilt wird; wir haben in der Kirche der Serviten einen heiligen Peregrinus, welchem alle Glieder und Theile des Leibes in Gold und Silber geopfert werden, die sich unsere Wiener durch Fressen, Saufen

und

und Huren zu Schande gerichtet haben; damit er sie wieder herstellen möge. Was aber das Ernsthafteste ist: der Kaiser hat sogar, auf Empfelung der Kaiserin aller Reussen, einen Erjesuiten, Namens Diesbach, dem Erzherzogen Franz zum Hofmeister gegeben. Welche herrliche Früchte lassen sich daraus in die Zukunft erwarten!!......... Kurz, lieber Freund! der Monachismus ist noch hier wie anderwärts zu Hause, und gräbt seine Minen mehr als anderwärts im Dunkeln."

Wie riß ich die Augen auf, als ich so peroriren hörte! Aber dieser freymütige Mann hatte mir kein Wort gesagt, das ich nicht in der Folge wirklich bestättigt fand. Aberglauben geht hier neben dem Unglauben; Monachismus neben der Auffklärung und Lüderlichkeit und Schwelgerey mitten unter allen.

Der Abgott der Wiener ist — ihr Bauch. Sie kennen kein angenehmeres Vergnügen, als zu fressen. Man kömt im Sommer in keinen Garten, wo nicht auf allen Tischen aus hochgehäuften Schüsseln gegessen wird; und zwar meistens Händeln (junge Hühner)

ner) bratne Hândeln (gebratne Hüh=
ner) einmach Hândeln, backne Häu-
deln. (eingemachte, gebackne Hühner.)
Ein Wiener ißt gewönlich zum Vesperstücke,
in diesen Gärten, 3 — 4, auch mehr sol=
che Hândeln, nebst Salate und einer
guten Portion italiänischer Salami — die
da zum Verkaufe umher getragen werden —
noch oben drein.

Auſſer dem Freſſen iſt ihr gröſztes Ver=
gnügen, ihr Kasperl und ihre Hetze. Bede
werden ſelbſt von den Vornehmſten aus
dem Adel beſucht, und eben ſo herzlich,
wie von dem Pöbel, beklatſchet.

Der Wiener rennt nur ſtets nach
dem Ziele ſeines Vergnügens, und haſſet
Fleis und Arbeitſamkeit. Man ſiht nir=
gends mehr müſſiges Volk, als in Wien.
Sie liegen in den Koffehäuſern; oder ſtehen
auf den Straſſen umher und gaffen. Man
darf nur ein Paar Minuten in einer Straſ=
ſe ſtill ſtehen, um mit jemanden zu ſpre=
chen: ſo wird man ſich unvermerkt von ei=
nem Haufen ſolcher müſſiger Gaffer umge=
ben ſehen: verweilt man länger: ſo ver=
ſammelt ſich eine groſſe Menge rings um=

her,

her, und jeder fragt den andern, was es gebe, und keiner weiß, warum er dasteht.

Der wohlhabende Theil vergnügt sich damit, vom Prater in den Augarten, vom Augarten ins Teater zu laufen, oder nach Beschaffenheit der Börse, zu fahren; an den beden ersten Orten sich recht satt zu schlampampen, und am letzten sich recht satt zu lachen. Denn der Hang zu lachen ist nicht minder ein wesentlicher Zug im Karakter der Wiener. Gute Trauerspiele, oder ernsthafte Schauspiele machen daher auch selten ihr Glück: indeß alles den elenden Frazzen des angebeteten Kaperls, in ungeheurer Menge zuströmt, und ihren ganz ungetheilten Beyfall schenkt.

Die Gewohnheit zu lachen und der beständige Genuß des Vergnügens, worin sich der Wiener beständig wie im Taumel herumdreht, vereint mit dem grausamen Schauspiel der Hetze, das vollends alles Gefühl erstickt, erzeigt in dem Volke eine gewisse Fühllosigkeit gegen die menschlichen Leiden. Das Herz, nur an Freude und Grausamkeit gewöhnt, hat keine Empfänglichkeit für die Eindrücke des Mitleids,

und

und ist unfähig, das Elend eines andern zu fühlen. Man erstaunt daher über die Hartherzigkeit der Wiener, die man bey allen Gelegenheiten wahrnimt. Mit einer Art von Wonne sehen sie den Unglücklichen auf der Schandbühne ihre hundert Stockprügel zumessen. Freude und Zufriedenheit drückt sich auf allen Gesichtern desto stärker aus, je erbärmlicher der Kerl schreyt; und ich hörte selbst, daß das Volk laute allgemeine Unzufriedenheit darüber äusserte, als die Streiche, ihrer Meinung nach, nicht laut genug patschten. Ein Armer mag halb erstorben an der Strasse liegen — der Wiener wird stehn bleiben, ihn angaffen, und — seine Wege gehn. Wagt es einer auf den Trinkgelagen ihre Freude einen Augenblick, durch Bitte um Almosen, zu unterbrechen: so sind sie hart genug, sogar die Polizeywache gegen ihn herbey zu rufen.

Nirgends fand ich noch die Wahrheit überzeigender bestättigt, daß die Sprache mit den Sitten und dem Karakter eines Volkes im genauen Verhältnisse stehe. Die Mundart der Wiener ist äusserst rauh, holperich

perich und dem feineren Ohre unausstehlich;
und die deutsche Sprache ist in dieser gros=
sen Hauptstadt Teutschlandes in der ab=
scheulichsten Verwilderung; am allermei=
sten aber der Kurialstyl, am höchstpreislichen
Reichshofrathe. Unmöglich kan man sich
eine hinreichende Vorstellung von dem elen=
den Zustande desselben machen. Da ist
weder reine Diction, noch Rechtschreibung;
keine Zeile, die nicht von den gröbsten
Sprachschnitzern und Provinzialismen stro=
tzet, die anderwärts jeder Schulknabe kor=
rigiren könte; keine Periode richtig gedacht,
noch vorgetragen, und mit der mühsamsten
Anstrengung ist man öfters kaum im Stan=
de, unter all dem Wuste, einen Sinn her=
vorzukriegen. Gleichwohl ist dies der Sitz
der Weisheit und die Quelle, woraus die
jungen Männer aus den entferntesten Pro=
vinzen Teutschlandes Wissenschaft holen,
die man mit dem Namen, **Reichshof=
rathspraxis** stempelt. Hat denn nun
einer sein Bischen gesunden Menschensinn,
gegen Schlendrian und Formalitäten ver=
tauscht; die einfachste Sache in einem
Schwalle von lateinischen Brocken, von
weit=

weitschweifigen, schwerfälligen und unverständlichen Redensarten vorzutragen gelernt, und darüber seine reine Muttersprache entwöhnt: so kehrt er — stolz auf seine gesammelte Wissenschaft — ins Vaterland zurücke; Er hat am Reichshofrathe practicirt, heist es; und nun hält man ihn fähig, die ersten Stellen im Staate zu begleiten; die er auch gewönlich erhält. Und so verbreitet sich der schöne Kurialstyl und die Verwilderung der Sprache in den Gerichtshöfen immer mehr aus.

Dergleichen Schöpsen, die man Reichshofrathspracticanten nent, treiben sich hier in Menge herum, und die Geldsummen, die sie ihrem Vaterlande entzihen, und hier verschlendern, sind, im Ganzen genommen, nicht unbeträchtlich. Andere reisen auch nach Wetzlar, nach Regensburg — wo überall dergleichen Reichsgerichte, ganz im Kostüme des Wiener versammlet sind — um sich da, für ihr teures Geld, Reichshofrathsunsinn zu sammeln.

Die Reformation dieses Gerichts hätte vor allen Dingen das Augenmerk des Kaisers

sers verdient. Es wäre in unsern Tagen endlich einmal Zeit, auch diese alten, berußten Schlupfwinkel der Gerechtigkeit zu säubern, und von Ruse und Spinnweben zu reinigen. Aber, dies bringt nichts ein; so wenig, als das Aufheben der Bettelmönchsorden — und also läßt mans auch damit beim Alten. —

Die Stiftungen und andern öffentlichen Verpflegungsanstalten, die es hier, wie beynahe in jeder Haupt- und Residenzstadt hat, weißt Du; oder kanst sie aus jeder gedruckten Beschreibung der Stadt Wien wissen: doch muß ich Dir darunter besonders das Waisen- und Findelhaus, das grosse Krankenspital, und das Lehrinstitut für Taub- und Stumgeborne ausheben. Das Erstere hab ich noch nirgendwo schöner und besser eingerichtet gefunden. Die Lage ist sehr gesund und frey; die Zimmer sind alle sehr geräumig und hoch; haben freye Aussicht und frische Luft, die beständig unterhalten wird. Alles ist darin äusserst reinlich. Zwischen zwey und zwey Kinderbettstättchen, die hier keine Wiegen sind, steht die Bettstätte einer Amme, neben

ben der man warlich! die Kinder beneiden mögte. Die Kinder werden weder gewickelt, vielweniger in zunehmenden Jahren geschniert, und alle sehen so gesund und frisch aus, als ihre Ammen. Eine wahre Herzenslust soll es gewesen seyn, den alten seligen Probst Parhammer, der die Direktion dieses Instituts hatte, unter den Kindern zu sehn. Der trefliche alte Mann, der recht für dieses Fach geschaffen schien, ließ sich so ganz zu ihnen herab, küßte, und herzte sie, und that so liebreich und zärtlich mit ihnen, wie ein Vater mit seinen leiblichen Kindern — und die armen Kleinen, die es ordentlich zu fühlen schienen, wie er sie liebte, und für sie sorgte, streckten, wenn er kam, freudiglächlend ihre kleine Händchen nach ihm.

O möchten doch alle dergleichen Häuser hiervon das Model zu ihrer Anstalt nehmen! so würden sie nicht mehr die Pest der Menschheit zu heisen verdienen, wogegen man jeden Menschen billig warnen soll; die Kinder würden nicht mehr jene zusamgeschrumpften, krüppelichen Figuren, mit

bleichen, ältlichen Gesichtern und zwerg=
artigen Dickköpfen seyn: wie z. B. in der
freyen Reichsstadt Augsburg *) unter
der Obsorge eines berufenen Bürgermeister
Fischers.

Bey diesen und manchen andern wirk=
lich guten Anstalten des Kaisers ist es um
so auffallender, die Kälte, man mögte sa=
gen, Abneigung des Volkes gegen ihn zu
bemerken. Ich versichre Dich, daß man
bey diesem Kriege vielleicht nirgends mehr
türkisch gesinnt ist, als in Wien. Die
meisten freuen sich, wenn sie einen Sieg
der Türken lesen; und es giebt viele hier,
denen es eine Lust wäre, wenn die Türken
bis an die Linien von Wien vorrückten.
Man erklärt hier den Krieg laut, für einen
ungerechten Krieg; heißt ihn eine Galanterie,
die Joseph der Kaiserin von Rußland ma=
che; und schimpft, und flucht gar greulich
darüber. Ganz unrecht haben sie auch
wirklich nicht: denn richtig ist, daß es vom
Kai=

---

*) S. Reise eines Engländers durch einen
Theil von Schwaben ꝛc. Seite 18.

Kaiser gesuchte Händel waren, und daß er nichts dabey zu thun hatte, als seine Subsidien der Kaiserin zu geben; und damit wäre er qwitt gewesen. Allein sein eroberungssüchtiger Geist von der einen — und seine Schwäche gegen das weibliche Geschlecht von der andern Seite, mischten sich ins Spiel, und zettelten einen Krieg an, der für eine Galanterie freilich ein wenig zu ernsthaft und zu kostspielig ist; besonders da die russische Armee sich lange Zeit in so elendem Zustande befand, daß sie grossentheils von Oesterreich unterhalten werden mußte: bis sie endlich aus Verzweiflung den Angriff auf Okzakow wagte, und sich durch diese Eroberung Quellen zum besseren Unterhalt öffnete.

Der Grund zu der martialischen Galanterie, wovon hier die Rede ist, ward bey dem Besuche des Großfürsten und seiner Gemahlin in Wien gelegt. Ich weiß aus sehr autentischen und specifischen Nachrichten, daß der Kaiser mit der Großfürstin in einem sehr unzweydeutigen Verständnisse war, und daß man sich bis

G 2 zur

zur Schwärmerey liebte. Der Großfürst war Schafskopf genug, um hieraus kein Arg zu haben; oder Franzose genug, um dabey gleichgültig zu seyn; und die Liebe ward auf eine Art fortgesetzt, daß selbst die Hofleute grosse Augen machten, und sich darüber heimlich in die Ohren flüsterten. Beym Abschiede fiel vollends die Maske vom Gesichte. Die Schmerzen getrennter Liebe wirkten mit aller Macht auf das zärtliche Herz der Großfürstin — sie erlag im Kampfe — und sank in Ohnmacht! Der Kaiser vergoß Tränen. — Als sie von ihm abfuhr, sprang er auf den Kutschentritt, und fuhr auf demselben noch eine Strecke mit fort.

Joseph ist übrigens ein ganz populärer Mann. Seine Kost, seine Tracht, seine Lebensart — alles ist äusserst einfach. Er geht fast bestäubig, in einem und demselben Rocke von schlechtem Zeuge einher. Aber seine Kleidung ist sehr übel gewählt, schlumpig und ganz nach dem Schnitte der alten Spießbürger in den Reichsstädten. Sein Schneidersconto für ein gan=
zes

zes Jahr beträgt gewönlich nicht über 15 Gulden. — Er wird ganz von Launen beherrscht, und blos auf diese kömt es an, ob er böse oder gut sey. Daher die Zweydeutigkeit, die viele in seinem Herzen finden wollen. Er würde den heute beschenkt haben, den er gestern mit Scheltworten von sich stieß; und den er heute beschenkte, würde er gestern eben so übel als jenen angelassen haben. Wer daher eine Gnade erhalten will, muß sich vorher genau um das Barometer der Laune erkundigen. Trift sichs unglücklicher Weise, daß dem Kaiser gerade um solch einen mißgünstigen Zeitpunct, ein Strafurtel auszufertigen vorgelegt wird: so sind wohl auch schröckliche Grausamkeiten die Folgen davon; die er den andern Tag gerne wiederrufen würde: wenn sein Stolz es zuliesse: denn er hat sonst ein gefühlvolles Herz, das er nur aus falschen Grundsätzen von Ehr- und Politik, manchmal vorsetzlich zu verhärten sich bemühet.

Sein Kopf ist schwach; aber sein Stolz macht, daß er sich mehr Einsicht zutraut,

G 3   als

als er hat, und fremden Rath selten annimt; und da er viel Feuer und Lebhaftigkeit besitzet, und gerne von allem gleich den Erfolg sehen mögte: so geschihts dann, daß so viel Undurchdachtes, Uebereiltes und Unreifes in seinen Verordnungen, Unternehmungen und Gesätzen zum Vorscheine kömt.

Seine herrschende Leidenschaften sind Ehr= und Geldgeiz, nebst einem ausserordentlichen Hang zum weiblichen Geschlechte; der aber durch seine tödliche Krankheit itzt freilich ziemlich niedergeschlagen wurde. Er besitzt viel Menschenliebe; affectirt aber noch weit mehr, als er besitzet.

Der Eingang des Augartens sogar sollte sie der Welt verkünden. Man liest über demselben die Worte: Allen Menschen gewiedmeter Belustigungsort von ihrem Schätzer: gleich als ob es ein besonderes Merkmal von Menschenfreundlichkeit wäre, daß Joseph — was jeder Monarch in Europa gestattet — dem Volke einen Spatziergang in seinen Gärten vergönnt;

gönnt; und gleich, als ob er nicht dadurch sein eigenes Vergnügen weit mehr, als das Vergnügen des Volkes beförderte: denn ohne das bunte Schauspiel, das ihm die Volksmenge in diesem Garten gewähret, würde er sich auf seinen Spatziergängen in demselben sehr schlecht amüsiren. Und doch hat der Menschenschätzer auch hier sich von den Menschen ziemlich weit entfernt, und das kleine Haus, das er in diesem Garten bewohnet, ist auf viele hundert Schritte weit im Umkreise dem Zugange der Menschen verzäunet. Der Garten an sich selbst hat weiter nichts, als breite, lange Alleen, mit kleinen Seitenboskaschen, die zu Aufrechthaltung der Züchte und Ehrbarkeit zu betretten verboten ist. Kein Geschmack in der Anlage; keine niedliche interessante Partien — wenns nicht das grosse Traiteurhaus ist, das in der Mitte des Gartens steht.

Wer wahre Menschenliebe fühlt, wird damit nie groß thun, und wer sich derselben rühmet, hat davon gewiß am wenigsten. Willst Du aber noch einen Beweiß, daß

daß diese vielgerühmte Menschenliebe Josephs nichts, als pur eitel Crimasse, und im Grunde weder mehr noch weniger, als — Geldgeiz sey: da hast Du ihn. Wehrend man in allen Staaten Teutschlandes durch landesherrliche Verordnungen und Strafgesätze, die Seuche der Menschheit, das Lottospiel vertilget: raset sie mitten in der Hauptstadt mit einer Wut, wodurch viele Familien zu Grunde gerichtet werden, und wird — von Joseph dem Menschenfreunde und Menschenschätzer unter seinen Augen — geduldet, gehegt, aufgemuntert!! Nicht zufrieden, daß er eigene Lotto's unterhält: errichtet er auch sogar auf den Messen zu Wien, eigene sogenannte Glückstöpfe; um die Leidenschaft, womit sich das Volk im Spiele zu Grunde richtet, aufs möglichste zu benützen.

Inzwischen sind gleichwohl alle Arten von Hasartspielen durch k. k. Verordnungen aufs schärffte verboten; gleich als wollte man sagen: „Nur mit mir sollt Ihr spielen! Wenn Ihr Eure Habe an mich verliert: so ist's nicht übel gethan:

aber

aber hütet Euch, daß kein anderer was davon erhasche, als ich!"

Wer muß nicht über solche Widersprüche im Karakter Josephs erstaunen? Und wie läßt sich so etwas mit der hochgepriesznen Wienerpolizey vereinbaren? Doch der Polizeygebrechen sind hier noch gar mancherley. So siht man z. B. in den Wassergräben der Vorstädte ganze und halbverfaulte Körper von Aesern liegen, die durch eine pestilenzialische Ausdünstung die Luft noch ungesünder machen, als sie es ohnehin schon wirklich ist. Hieher rechne ich nicht minder den Mangel an öffentlichen Portels; die, bey der ausserordentlichen Schwelgerey der Wiener, hier mehr als anderwärts nöthig wären. Gewisse Bedürfnisse und der Hang zur Ausschweifung im Genusse werden durch die Ueppigkeit im Essen und Trinken natürlicher Weise dringender; man vertraut gleichwohl nicht gerne seinen Körper einer Gassenhure: Weiber werden daher geschänder, Mädchen verführt, und zum Buhlwesen angereizt. Daher kömt es auch gewiß grossen Theils, daß in keiner Hauptstadt das weibliche Geschlecht verderbtere Sitten hat, als in Wien. Der Name Wienerin gilt jedem, der sie kennt, für ein Schimpfwort. Wohleingerichtete Porteis, die unter der Aufsicht einer guten Polizey stehen, sind daher unstrittig ein heilsames Geschenk für den Staat; denn sie thun der Verführung und dem daraus entspringenden Verderbnisse der Sitten den wirksamsten Einhalt.

Du würdest mir nicht vergeben, wenn ich meinen Brief über Wien schlösse, ohne Dich mit den wiener Schöngeistern näher bekant zu machen. Zu denen im fünften Stocke und unter den Dachstuben laß uns nicht hinaufsteigen. Du magst sie nach den Bessern beurteilen; wenn ich Dir sage: daß selbst ein Blumauer, ein Alxinger, der Stolz ihrer Nation, nicht einmal Teutsch verstehen: wovon ich mich im persönlichen Umgange mit ihnen zu überzeigen Gelegenheit hatte: denn aus ihren Schriften — wiewohl sich auch diese alle durch Sprachschnitzer und Provinzialismen auszeichnen — kan man dies nicht so leicht bemerken; weil sie mit einer unverdroßnen Mühsamkeit, beynahe jedes Wort in Wörterbüchern nachschlagen, die sie bey ihren Arbeiten stets zur Hand liegen haben.

Alxinger ist übrigens ein gutes Männchen, aber ganz ohne Geniekraft, und besser von Herz als von Kopfe. Wenn er sich einigen Ruhm als Dichter erwarb: so hat er ihn seinem unermüdeten Fleiße, seiner Anstrengung und — seinem Gelde zu verdanken; womit er hie und da sein Lob theuer genug erkaufte. Er hatte sich mit einer getauften Jüdin verheurathet, die aber, nach obenerwähnter Art der Wienerinnen, die Galanterie so weit trieb, daß er sich von ihr trennte, und nun alleine lebt.

Blumauer hat mehr Kopf als Alxinger; aber ein desto schlechteres Herz und ungeschliffene Sitten. Sein Anblick verkündet schon einen widerwärtigen, bämischen Menschen, dessen ausgedörrter,

ge=

gebeugter Körper und schwarzgelbes Gesicht nicht das beste Temperament verrathen; und sein Umgang beweißt vollends: daß Bosheit, Schadenfreude und eine gute Portion schwarzer Galle die Quelle seyen, woraus all sein dichterischer Witz flie'et: wiewohl dieser in den letzten Bänden seiner Aeneis öfters sehr gesucht und trocken ist Der Gedanke zu diesem Werke hat auch keineswegs das Verdienst der Originalität; er ist eine Nachahmung von Bürgers Prinzessin Europa.

Noch einen jungen Dichter hab ich hier in dem Hause einer gewissen Frau von G** kennen gelernt, die eine Beschützerin der schönen Litteratur ist, und bey der sich viele junge Schöngeister versammeln; er heist Hatschka, ein Model von teutschem Engelländer, nicht ohne Genie, das versichre ich, aber so voll Eigenliebe, daß er nicht den geringsten Widerspruch ertragen kan. Er ist der Freund des Hauses der Frau von G**, und wohnt sogar des Sommers bey ihr in ihrem Landhause ver der Stadt. Ich muß

muß aber auch geſtehen, daß ich ſelbſt am Platze der Frau von G. mir einen Hausfreund gewählt haben würde: denn ihr trauter Hr. Gemahl — der gar gerne für einen alten Teutſchen von ächtem Schrot und Korne gehalten ſeyn will — hat unter allen nichts weniger, als eine einnehmende Auſſenſeite, und ſcheint in ſeinem ungeheuren Bauche mehr Phlegma zu tragen, als den Damen gemeiniglich lieb iſt. —

Denis iſt unter allen wiener Autoren derjenige, der wenigſtens die Sprache am meiſten in ſeiner Gewalt hat; wiewohl ich geſtehen muß, daß ſeinen Ueberſetzungen die Harmonie fehlt. Man halte zum Beweiſe, Göthens Ueberſetzung der Lieder von Selma aus Oſſian, gegen jene von Denis: welch ein Unterſchied in dem Wohlklang der Sprache! Und dann — der unglückliche Gedanke, die lateiniſchen kleinen Letters dazu! wovon man keine zehn Zeilen leſen kan; daß es nicht dem Auge wehe thut. Pfui über die Teutſchen! die ſo wenig Eigenes ha=
ben,

ben, daß sie gar ihre Buchstaben, das Einzige, was sie noch von Eigenheit besitzen, gerne los werden, und sie gegen fremde vertauschen mögten! — Und selbst teutsche Gelehrte, *) die Sitz und Stimme im Publikum haben, konten sogar schon öffentlich Vorschläge dazu thun?? . . . . . .

Denis ist Bibliothekar; und man muß gestehn, daß er die Bibliothek in gutem Zustande erhält. Sie ist zahlreich, gut besetzt, und rangirt, und hat zerschiedene merkwürdige alte Manuskripte.

Was ich Dir sonst noch von Wien sagen könte, hast Du bereits in andern Reisebeschreibern gelesen; und Du weißt, daß ich nicht gerne Trivialitäten nachschreibe, noch Dich mit schalen Nachrichten, aus gedruckten Beschreibungen und Denk-

---

*) Man mag diese Herren aus Schonung hier nicht nennen. Sie selbst mögen sich fühlen, und — schämen!

Denkwürdigkeiten der Städte unterhalte; sondern nur das Wichtige und Ungesagte eigener Bemerkungen, in meinen Briefen an Dich aufnehme. Ohnehin werd ich auch in solch einem Wirrwarre von Schmausereyen, Gesellschaften und Lustpartien herumgetrieben, daß ich kaum zu mir selber kommen kan: denn der Wiener kennt keine größere Ehre, die er einem Fremden anthun könte, als daß er ihm — zu essen gibt! und jeder bemüht sich, in üppigen Gastereyen den andern zu übertreffen. Bey all der Betäubung und dem Geräusche fühl' ich aber doch, daß Du mir fehlest, fühle den feurigen Wunsch, Dich bald wieder in meine Arme zu schliessen und an mein Herz zu drücken. Das ist nun so was Unbehagliches auf der Reise, daß das Herz Mangel an vertrautem Umgange leidet: denn die Zeit des Aufenthaltes ist entweder zu kurz, um enge Freundschaft zu schliessen; und Du weißt, ich bin hierinne, nach Art meiner Nation, zurückhaltend und unzuvorkommend: oder hat man ein Band geknüpft: so muß man

man sich bald wieder trennen — und dies Gefühl ist dann schmerzhafter als das Erste. Ich küsse Dich mit den wärmsten Küssen und bin u. s. w.